EUGÈNE-LOUIS BLANCHET

EN REPRÉSAILLES

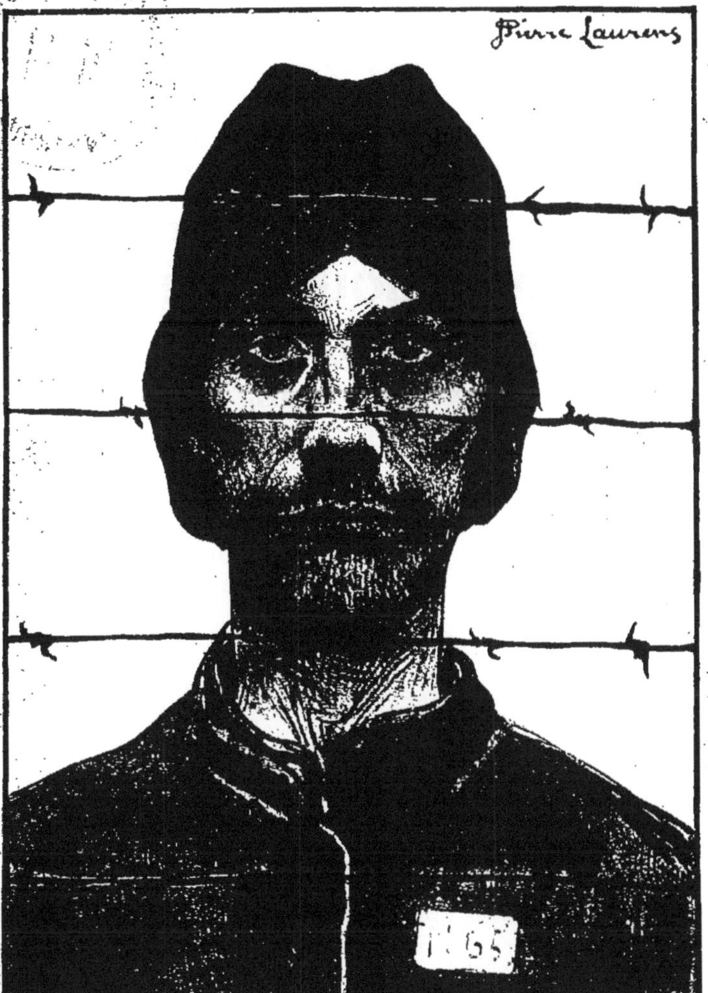

PAYOT & CIE, PARIS

A la génération qui grandit pour qu'elle se souvienne.

(PAYOT & Cie, PARIS)

EN REPRÉSAILLES

LAUSANNE. — IMPRIMERIES RÉUNIES

EUGÈNE-LOUIS BLANCHET

EN REPRÉSAILLES

PAYOT & Cie, PARIS
106, Boulevard Saint-Germain, 106

1918
Tous droits réservés.

PRÉFACE

Lausanne, août 1918.

Dans un volume intitulé *La Dévastation de l'Europe, Die Verheerung Europas,* le Dr Muehlon libère sa conscience d'honnête homme. Cet ancien directeur des usines Krupp, en constantes relations avec les plus hauts personnages de l'Empire, admirablement placé pour voir les tristes dessous d'une politique qui voulait la guerre à tout prix, dépose en patriote indigné des crimes dont une caste toute puissante souille l'Allemagne après avoir annihilé son sens moral.

Réquisitoire à la fois terrible et émouvant. Car il est profondément émouvant de voir un homme, mis debout par la force de la vérité, dire au pays qui est le sien et qu'il aime : Tu es le bourreau du monde !

Jour après jour, le Dr Muehlon a écrit son journal. On y trouve réduits à néant les faits prétextés pour déchaîner la guerre, affirmé que le mensonge et la cruauté font partie d'un système. Système avoué, du reste. Dès le temps de paix, dès 1902, le grand état-major allemand n'avait-il pas

imprimé noir sur blanc, dans ses fameux *Kriegs-
gebrauch im Landkriege,* et enseigné à tout le
corps d'officiers, une doctrine d'autant plus abominable que parallèlement les délégués allemands
signaient sans sourciller, après d'hypocrites discours, les Conventions de La Haye? On lit en effet
dans les *Lois de la guerre continentale* :

« Tout effort militaire est personnel avant tout.
Il suppose l'affirmation totale du caractère individuel. Il exige que le combattant qui fournit cet
effort soit affranchi totalement des entraves d'une
légalité gênante et de foutes parts oppressive...
Violence et passion, voilà les deux leviers princi-
paux de tout acte belliqueux et, disons-le sans
crainte, de toute grandeur guerrière... Que des
particuliers soient atteints durement quand on
fait sur eux un exemple destiné à servir d'avertis-
sement, cela est assurément déplorable pour eux.
Mais pour la collectivité, c'est un bienfait salutaire
que cette sévérité qui est exercée contre les particuliers. Quand la guerre nationale a éclaté, le
terrorisme devient un principe militaire *nécessaire.* »

Le mensonge, d'abord.

Pour provoquer, pour légitimer la guerre, dès la
fin de juillet 1914 et les premiers jours d'août, par
ordre, l'agence Wolff, les journaux disent et répètent que quatre-vingts officiers français, déguisés
en officiers prussiens, ont pénétré en Allemagne
par la Hollande; que l'armée française occupe la

Belgique avec la complicité du gouvernement de ce pays ; que des médecins français précipitent dans les ondes pures des sources allemandes les bacilles du choléra ; qu'un avion français a bombardé Nuremberg.

Le 2 août 1914, à Bruxelles, le ministre d'Allemagne fait connaître au gouvernement belge la volonté des autorités allemandes de respecter les pays neutres... Or, déjà, les troupes impériales sont en marche. Et le soir du même jour, ce même ministre remet au même gouvernement l'ultimatum qui précédait l'invasion de vingt-quatre heures !...

On comprend désormais que le Dr Muehlon écrive dans son journal :

« Les Allemands répandent la vérité ou le mensonge selon que cela convient ou non à leurs fins » et qu'il dénonce une hypocrisie « qui n'aboutit qu'à sanctifier le mensonge, à adorer la brutalité... Quant à notre presse, jamais elle ne pourra se laver de l'ignominie dont elle s'est souillée dans cette guerre. Celle que nous avons maintenant est une lèpre honteuse. L'Allemagne a besoin non seulement d'un nouveau cerveau et d'un nouveau cœur, elle doit aussi faire peau neuve. »

*　*　*

Après le mensonge, conformément à la doctrine, la *cruauté*.

A Herve, quelques heures après la violation

de la frontière, tombant au milieu d'une population qui vaque paisiblement à ses occupations,
les troupes allemandes massacrent sans juge-
ment quarante-quatre personnes et incendient
trois cents maisons. C'est alors l'immédiate conta-
gion de la folie. Comment, les Belges résistent !
Partout on brûle, on pille. Et on fusille des femmes, des enfants, des vieillards, des prêtres. Les
pastilles incendiaires, dont tous les soldats sont
pourvus, — des milliers jonchent le sol après le
passage des troupes, — les pompes à pétrole qui
suivent les régiments, établissent nettement la
préméditation de toutes ces horreurs. Avouant, le
général von Bülow proclame et affiche :

« C'est avec mon consentement que le général
en chef a fait brûler toute la ville d'Andenne et
fusiller cent personnes. Je porte ce fait à la connaissance de la ville de Liége, pour que les Liégeois
se représentent le sort dont ils sont menacés. »

Au tableau, cinq mille civils fusillés, vingt mille
maisons incendiées, des centaines d'églises dyna-
mitées, la terreur, les flaques de sang... « Nous
voulons en finir le plus tôt possible, note le
Dr Muehlon. A cet effet, nous enjambons tous les
cadavres. *Nécessité militaire* est le principe juridi-
que qu'on invoque pour excuser toutes les horreurs. »

Mais il y a plus : on piétine la victime pante-
lante. « Caïn calomniant Abel », dira le poète
suisse allemand Spitteler.

« C'est le gouvernement belge qui doit être rendu responsable de ce qu'en Belgique des villes et des villages ont été rasés », imprime la *Kölnische Zeitung* du 28 août 1914.

« Les ruines des villes et des villages ne sont pas une accusation contre l'Allemagne, elles sont un signe ineffaçable de la honte dont s'est couvert le peuple belge », écrit le député au Landtag Gottfried Traub. Son Excellence Bode, surintendant des Beaux-Arts, Bodo-Ebhardt, architecte et professeur, le conseiller très intime D^r von Falke, le professeur Otto Grautoff, le conseiller intime Stübben, cent autres, publient des études muées en traités de propagande répandus à foison, qui n'ont d'autre but que d'accabler les Belges, ces pelés, ces galeux, d'où nous vient tout le mal. « *Il n'est pas vrai*, renchérissent les quatre-vingt-treize intellectuels devant les ruines fumantes de Visé, d'Andenne, de Louvain, de Termonde, de Dinant, d'Aerschot, d'Ypres, devant les cadavres amoncelés, que les troupes allemandes aient détruit ou incendié un seul monument ou aient porté atteinte aux biens d'un seul citoyen belge. »

Plus tard, les preuves des infamies perpétrées se multipliant, on avoue, mais la faute en est aux francs-tireurs qui « assassinaient » les soldats allemands, aux femmes belges qui crevaient les yeux des blessés.

* * *

Notre intention est de marquer quelques étapes de la « pensée » allemande et non point d'accompagner l'armée de la Kultur sur les chemins de la guerre « fraîche et joyeuse », d'aller avec elle de Gerbévillers à Senlis, de Reims à Chauny, de Coucy à Arras, où la pompe à pétrole, les bombes incendiaires, en attendant les gaz asphyxiants, les lance-flammes et la scie mise au pied de tous les arbres fruitiers, accomplissent l'œuvre de «terrorisme nécessaire», comme ils l'accomplissent en Arménie, en Serbie, partout où évoluent les soldats ou les alliés de la Germanie. Et là où ne peuvent aller les gaz asphyxiants, va l'or perfide, s'insinue la trahison payée.

Les « neutres » eux-mêmes ne sont pas à l'abri de cette offensive universelle. On les inonde de libelles, de plaidoyers *pro domo*, de brochures illustrées, de tracts, d'in-folio, où pullule le mensonge. « Qui aujourd'hui ne ment pas, est un gredin », dit plaisamment, mais surtout fort exactement, un journal humoristique d'Outre-Rhin. L'Alsace, affirme-t-on aux neutres, pétitionne en masse pour demeurer allemande. Systématiquement, les Français bombardent et détruisent leurs cathédrales, anéantissent des chefs-d'œuvre dont les artistes teutons, désignés à cet effet, sauvent au péril de leur vie des fragments mutilés. Il ment par la gorge celui qui prétend que les soldats allemands déménagent les maisons, pillent les fabriques, cambriolent les coffres-forts, puis dirigent tout ce butin sur l'Allemagne. Cette guerre, que nous n'avons pas voulue, est sacrée ! Nous défendons la liberté, les petits peuples menacés par la France et l'Angleterre, la justice outragée, le droit éternel, la civilisation, etc., etc.

Toute cette maculature s'abat sans arrêt sur la Suisse, en particulier. C'est un flot qui monte, une marée. Et parallèlement, par tous les moyens avouables et inavouables, on mène l'offensive économique. Toute l'Allemagne, du chef d'état-major au dernier des commis-voyageurs, en passant par les chimistes, les professeurs et les ministres du vieux Dieu, est mobilisée pour tirer de la guerre le maximum de bénéfices.

* * *

Cependant, comme la lutte se prolonge, que la victoire escomptée recule dans les brumes d'un lointain horizon, pour cacher l'abîme où l'on court tous ceux qui ont un nom, ou tiennent une plume, ou détiennent un grade, ou occupent une fonction, obéissant servilement aux ordres venus d'en haut, distillent la haine contre l'étranger (*Gott strafe England !*), cultivent, flattent, gonflent l'orgueil national, créent une sorte d'hystérie collective, permutent les valeurs, empoisonnent l'atmosphère, si bien que les rares clairvoyants — honneur à ces vaillants ! — paient leur franchise de la prison

(Liebknecht), d'une disgrâce étroitement surveillée (le prince et ambassadeur Lichnowsky), ou encore, comme le Dr Muehlon, doivent s'exiler.

Et le peuple ?

Naturellement soumis, habitué dès l'école à dire oui et amen au Lehrer patenté qui n'enseigne que les matières permises, puis à claquer les talons devant les sous-officiers et à retenir son souffle devant l'officier du roi ; pris dans les mailles d'une organisation dont l'Etat, les églises, l'école, la caserne sont les filets formidables ; encadré, dressé, drillé d'importance ; n'attendant la transmission de la vérité, chose officielle, que de haut en bas, par la filière des castes ; privé de tout ce qui peut ressembler à l'esprit critique et à la fronde individualiste par ce système de compression, de surveillance, de pédagogie uniforme, de discipline mécanique dont seuls ceux qui ont vécu en Allemagne avant la guerre peuvent se faire une idée, le peuple est attentif ; il se lèvera au premier signal ; il a confiance ; il croit ; il est prêt à exécuter les ordres des chefs, quels qu'ils soient, ces ordres, à suivre, s'il le faut, le chemin qui conduit à la mort, voire au déshonneur, ce qui est pire. Car c'est cela qui est affreux : le soldat allemand meurt en brave, automate parfaitement construit, pour une cause qui le déshonore.

Un Allemand, que vingt ans passés à l'étranger avaient soustrait à l'empreinte, exprimait la chose en ces termes :

« Nous nous serons fait tuer trois millions d'hommes, nous aurons dépensé une énergie surhumaine, dans un sens admirable, pour un seul résultat : nous mettre au ban de l'humanité. »

Que le soldat est un instrument passif, à la disposition de la caste qui commande et gouverne, les malheureux évacués du Nord de la France le savent par expérience. Une vieille femme habitant un village incendié en mars 1917, au moment du fameux « repli stratégique », nous disait à Evian :

« Ils étaient dans la maison depuis si longtemps... Bien sûr, c'est l'ennemi, mais, à la longue, on s'habitue presque... Les soldats me coupaient mon bois, me rendaient des petits services. Ils me montraient la photographie de leur femme, de leurs enfants. Ils m'appelaient même grand-mère... Un jour, voilà qu'arrive un sous-officier qui crie des choses. Sans hésiter une seconde, ces soldats me jettent dehors et allument la maison... Non, je ne comprends rien à ces sortes de gens... »

C'est très simple, pourtant. Le chef ne se trompe jamais. Il sait, lui. Il est créé pour savoir, le soldat pour obéir. Tant que personne ne parle, on coupe le bois, on rêve au clair de lune devant la maison. Et soudain l'ordre : « A trois heures, vous brûlerez la maison et scierez les arbres des vergers. » *Zu Befehl!* L'ordre ! la raison d'être de l'Allemagne, de la plus grande Allemagne, sa force, sa vérité. L'Etat n'est-il pas le maître et l'individu son humble serviteur ?... La force de l'Etat ne crée-t-elle pas le droit ?

Cela paraît si extravagant qu'il convient d'y regarder de plus près.

Qui sont donc ces chefs? Les hommes à épaulettes, les hommes d'une caste hermétiquement close dont le seul métier est de préparer et de faire la guerre, source de toutes les énergies, de tous les profits, de tous les honneurs. La Prusse est née de la guerre. Elle s'agrandira par la guerre. Le vieux Dieu est d'accord, Frédéric II aussi, le grand ancêtre, Bismarck aussi, le grand chancelier. Bon sang ne peut mentir. « Nous ne voulons pas laisser au marchand la gloire d'édifier la plus grande Allemagne », dira un hobereau.

En dehors de cette caste, à côté d'elle, éduqués par elle, tous ceux dont une philosophie étroitement nationale et furieusement matérialiste a perturbé les entendements. Au cours d'une discussion, nous demandions un jour à un étudiant en droit de l'Université de Berlin, garçon intelligent et aimable :

— Si un chef vous ordonnait de tuer père et mère, le feriez-vous ?

L'étudiant en droit réfléchit longuement, puis répondit avec le plus grand sérieux :

— Ce serait atroce, mais je le ferais. Car si un chef m'ordonne cela, il sait pourquoi. Il a en vue un but qui m'échappe, mais qui est nécessaire au bien du pays.

Presque tous ceux qui appartiennent à l'«intelligence», les savants, les philosophes, les artistes en sont là, adorateurs du poing armé de fer, ivres d'orgueil, mesurant la morale à l'aune du succès. Un livre récemment paru, *Der deutsche Gedanke*, en applique la preuve irréfutable. Les têtes de la science, de la pensée allemande, y expriment leurs convictions profondes sous forme d'aphorismes. On n'a vraiment que l'embarras du choix. Et personne ne s'est levé pour protester !

« Le peuple allemand a toujours raison, parce qu'il est le peuple allemand et qu'il compte quatre-vingt-sept millions de sujets. »

O. R. Tannenberg.

« L'Allemagne est l'avenir du genre humain. »

M. Lehmann.

« Tout ce qui s'est réalisé de grand dans le domaine de l'art en France et en Italie depuis l'époque romaine, l'a été grâce au mélange du sang germain et par des hommes issus des familles qui ont su conserver purs le sang ou les mœurs germaines. »

H. A. Schmid, prof à l'Université de Göttingue.

« De tous côtés se multiplient les irréfutables témoignages qui attestent de quelle noble manière nos troupes conduisent la guerre. Cette guerre aura été l'occasion de montrer au monde comment des chrétiens défendent leurs biens les plus précieux. »

J. Rump.

« Un seul de nos guerriers cultivés, comme il en
tombe malheureusement par masses, à cette heure,
a une valeur intellectuelle et morale supérieure à
celle de centaines de ces hommes grossiers et pri-
mitifs *(rohe Naturmenschen)* que l'Angleterre et la
France, la Russie et l'Italie nous opposent. »

Prof. E. Hæckel.

« Au service de la délivrance de l'humanité, il
n'y a plus que l'Allemagne, l'Allemagne seule. »

G. von Schulze-Gœvernitz.

« Le signe le plus profond du caractère allemand, c'est cet amour passionné, poussé même
jusqu'à l'extrême, pour le droit, la justice et la
morale. Un caractère que l'on ne trouve pas chez
tous les autres peuples. »   M. Lehmann.

« Une liberté qui ne serait pas allemande, ne
serait pas la liberté. »   N. S. Chamberlain.

« Civis Germanicus sum ! De même que jadis le
Romain — civis romanus — dominait le monde
en homme libre, l'Allemand, en sa qualité de
Germain, et tout Germain continental, devra dans
l'avenir, comme civis Germanicus, dominer le
monde. »   J. L. Reimer.

« ...Nos ennemis se sont conduits de façon
déshonnête à notre égard : il est donc juste que
nous leur retirions leurs droits civiques *(die bürger-
lichen Ehrenrechte)*... Lorsque les Etats ennemis

n'auront plus le droit d'avoir des armes, ils ne nous chercheront plus de chicanes. »

O. SIEMENS.

« Jusqu'à la fin de l'histoire les armes conserveront leur droit, et c'est en cela que consiste la sainteté de la guerre. »   H. VON TREITSCHKE.

«Oh ! si l'Allemagne pouvait retirer de cette guerre cet enseignement : savoir ne plus envoyer à l'avenir au dehors, comme diplomates, ambassadeurs et consuls allemands, que des soldats, des généraux et des officiers d'état-major ! »

K. L. A. SCHMIDT.

« Le Ciel préserve l'Allemagne de voir sortir de cette guerre la paix durable. »

O. A. H. SCHMITZ.

« Celui qui se méprend sur sa mission historique comme l'a fait le roi des Belges et sa femme issue de la maison royale de Bavière, doit supporter les conséquences de son aveuglement. Nous, Allemands, ne pouvons tolérer dans un pays en majorité germanique, un prince qui fait de ses sujets des sbires sanguinaires, de perfides assassins et de lâches bandits à la solde de l'Angleterre ! Ton heure a sonné, roi des Belges. »

KARL-A. KUHN, Dozent à Charlottenbourg.

« La guerre favorise les capables au détriment des dégénérés. La guerre est la source de tout bon progrès. Sans elle, le développement des peuples serait rendu impossible. » K. WAGNER.

Mais il faut se borner, renoncer à cueillir toutes les fleurs de ce parterre. Une encore pourtant, dont le parfum embaume :

« Ris, mon Allemagne, de ce que les furieux, les hurleurs ont enfin reconnu que tu es le successeur de tes ancêtres. Ton cœur ne se gonfle-t-il pas d'orgueil quand tu peux frapper tranquillement sur ta bonne épée aiguisée et dire : « Barbare ? Présent ! » Sois sincère, mon Allemagne, tu n'as jamais pu t'accommoder parfaitement avec la culture : elle n'est pas à ta taille ; ce vêtement te défigurait. Jette sur toi la peau de loup ; c'est ainsi que ton aïeul, ô guerrier feldgrau ! s'opposait dans les forêts et les marécages à l'envahisseur étranger. Barbare ! Nous rougirions de ce terme qui a un son si beau, si antique et si solennel? Allons-nous tressaillir quand on nous hurle aux oreilles le nom sacré de nos pères? Allons-nous protester?... Salut au jour où le monde sera inondé de la manière barbare : l'atmosphère alors sera pure comme l'haleine des bois et la vie des peuples limpide comme l'eau de la source... »

       AUGUSTUS SUPPER.

Voilà donc ce que disent, ce que prêchent, ce que crient sur les toits les grands directeurs de l'opinion. Jamais cas d'intoxication à base d'orgueil pseudo-scientifique n'a présenté semblable caractère d'universalité et de virulence.

Après ces aphorismes de l'élite des intellectuels germains et les faits affreux qui en furent l'occasion ou la conséquence, on comprend mieux ces lignes du Dr Muehlon :

« La Prusse volera tout ce qu'elle pourra voler afin de le conserver. Elle ne restituera que ce qui lui est indifférent et encore aux dépens d'autrui. Jamais elle n'ôtera sa botte de la nuque du vaincu. Elle obligera toutes les civilisations étrangères à honorer la barbarie. Elle n'a foi que dans la force du poing à l'intérieur et à l'extérieur. Ici bas, elle ne connaît pas d'autre puissance que la contrainte. »

* * *

Il était nécessaire de dire ou de rappeler tout cela qui éclaire et explique les faits rapportés dans le présent volume. Ceux qui ont trempé le monde dans un bain de sang, ceux qui espéraient qu'une victoire foudroyante, en jetant les peuples à genoux, effacerait de leur mémoire craintive le souvenir des crimes commis, ceux qui ont écrit : « Le Ciel préserve l'Allemagne de voir sortir de cette guerre la paix durable », sont aussi ceux qui ont conseillé, inspiré, dirigé les représailles.

Pourquoi ces souffrances infligées à des prisonniers désarmés, à des soldats trahis par le sort des batailles? Ici encore nous retrouvons appliquée la grande pensée de l'état-major : Quand la guerre nationale a éclaté, le terrorisme devient un principe militaire nécessaire...

Avant de détruire la cathédrale de Reims ou la basilique de Saint-Quentin, on affirme que l'artillerie française les vise, et on se met à l'œuvre. Avant de couler corps et biens un navire hôpital, on assure qu'il transporte des soldats et des munitions. Avant de fusiller des Belges, on explique que dès le temps de paix ils ont lié partie avec l'Angleterre et gravement violé la neutralité jurée. Avant d'asphyxier l'adversaire, on l'accuse d'user de ce moyen déloyal et cruel. Et pour justifier les représailles contre les prisonniers français, on raconte que les prisonniers allemands sont torturés au Maroc, ce qui est manifestement inexact ; en réalité, on souffre dans son orgueil parce que ce Maroc, on le voulait ; c'est pour l'avoir qu'on a failli, une fois déjà, allumer la guerre.

On tient donc le prétexte. Les représailles sont décidées. Le but réel ? Abattre le courage de ceux qui ont été choisis, des intellectuels, le plus souvent, et par eux propager le défaitisme. Pour atteindre ce résultat, dont on espère la victoire encore indécise, tous les moyens ne sont-ils pas bons ?... En face du but à atteindre, qu'est-ce qu'un homme, que pèse sa vie ?... Il faut vaincre. Et pour vaincre, il faut briser les volontés, dompter les résistances, et par delà les prisonniers dolents frapper les parents, les civils, les gens de l'arrière,

intimider les gouvernements. Et si cela ne suffit
pas, on trouvera mieux : on affirmera que les prisonniers allemands sont parqués sur le front,
pâture des obus allemands, et l'on maintient alors
sous le feu ennemi des milliers de prisonniers
français, anglais, russes, roumains, italiens, dans
la Somme particulièrement, où ils coudoient, déjà
décimés, squelettiques, d'autres milliers de civils
belges décorés du nom ronflant de travailleurs
libres !

Aux soldats russes qu'on maintient indéfini-
ment dans les marais, au fond des mines, qu'on
envoie dans les zones bombardées où ils beso-
gnent à creuser des tranchées douze heures par
jour, la famine au ventre, on n'a pas même pris la
peine de donner un prétexte pour « légitimer » ce
régime abominable. Le moujik, est-ce que ça
compte ? « Travaillez et crevez, c'est très simple »,
leur disait un gardien. Ils ont obéi, par dizaines de
milliers, rongés de tuberculose, de rachitisme,
lentement descendus au dernier degré de la misère
physiologique, morts vivants longtemps avant de
mourir. Quand on pourra, après la guerre, éta-
blir avec quelque exactitude la liste des prisonniers russes décédés en captivité, quand on con-
naîtra dans le détail les traitements qui leur furent
infligés, leur agonie de plusieurs mois, le monde
poussera un cri d'horreur.

Tout se sait, à la longue, tout se paie à son
heure. Et ce ne sera pas la moindre vengeance de

l'histoire que ce farouche réquisitoire dressé par les victimes contre les bourreaux, sur un ton de brûlante sincérité. Ils se lèveront de partout, les témoins aujourd'hui captifs, aujourd'hui bâillonnés parce que des êtres chers sont en pays occupés et qu'à cause d'eux il faut encore se taire.

On s'est aussi particulièrement acharné — ce livre en administre la preuve — sur les prisonniers des petites nations, sur les Roumains, sur les Belges, sur tous ceux qui ont humilié l'Allemagne en n'inclinant pas leur faiblesse devant sa force. Quant à l'Italien, au joueur de mandoline, regardé comme un traître, il convient qu'il expie, qu'il crie de misère, que ses souffrances jettent l'effroi et le repentir jusqu'à Naples, jusqu'en Sicile !

A ce sujet, voici, textuellement transcrit, le *témoignage* d'un prisonnier français au camp de Merseburg. Pour des raisons impérieuses, il ne nous est pas possible de donner actuellement le nom de ce témoin. Qu'il nous suffise de dire qu'il s'agit d'un écrivain connu, d'esprit critique aiguisé, qui obéit à l'ordre de sa conscience en dénonçant des faits simplement monstrueux.

« La plus grande partie des prisonniers faits par les Austro-Allemands, en octobre 1917, à la rupture, au déplacement et au refoulement du front italien jusqu'au Tagliamento et au Piave, furent conduits en Allemagne. Pour préparer le camp de Merseburg à recevoir ces nouveaux prisonniers, au nombre de trois mille cinq cents, on entassa les Français, Russes, Anglais, Belges, Portugais et Roumains dans une moitié des baraques. Nous abandonnâmes donc nos couvertures, qui avaient abrité toutes les races et toutes les maladies du monde, nos paillasses emplies de vieux journaux et de fibre de bois réduite en poussière.

« Nous attendons plusieurs jours. Soudain un cri : Les Italiens arrivent ! « Prenez garde ! disent les gardiens aux Français. Les Italiens vous détestent, vous en veulent à mort de les avoir entraînés dans la guerre à propos de l'Alsace-Lorraine. A Darmstadt, ils se sont rués sur les Français, en ont tué plusieurs à coups de couteaux. »

« Nous ne savons trop que penser, d'abord. La nouvelle a été si adroitement répandue que nos gardiens eux-mêmes en sont sûrs. Mensonge, pourtant, à ajouter à cent autres perfidies !

« Des commandements retentissent. Baïonnette au canon, des sentinelles occupent les portes du camp qui s'ouvrent, et les premières files d'une longue colonne aux uniformes gris-verts, qui serpente au loin sur le chemin de la gare, pénètrent dans l'enceinte, gagnent les « volières ». Lamentable défilé de captifs aux joues creuses, aux habits boueux. Presque tous ces Italiens marchent la tête baissée, le casque sur les yeux, dans la stupeur égarée d'un silence farouche. Beaucoup titubent de faiblesse, boitent en grimaçant, le petit manteau, qui donne à ceux qui s'en drapent une allure si romaine, relevé autour du cou.

« Aussitôt Français, Anglais, Russes et Belges se pressent au long de l'unique réseau de fil de fer qui nous sépare de la première compagnie italienne. Tous les bras se tendent vers nous à travers le grillage, des centaines de mains suppliantes : *Pane ! pane ! signori !* Puis des ongles ils se frappent les dents, ou étendent les mains à plat, à la hauteur des flancs, les secouent en un battement saccadé, répétant en frissonnant «*La fame mi batte, Dio cane, la fame mi batte !* »

» Nous donnons quelques biscuits, des rations de pain, ce que nous avons. Pauvres êtres ! Et parmi eux, deux enfants, l'un de treize, l'autre de quinze ans. Lisant dans nos yeux combien, pour les avoir déjà toutes souffertes, nous sympathisons à leurs douleurs, ils lèvent sur nous des yeux qui, soudain, s'épanouissent comme une fleur au soleil.

» Ces malheureux s'arrachent nos biscuits, se font aux barbelés de cruelles déchirures. Croyant bien faire, nous jetons alors nos offrandes par dessus le grillage : ruée de famine, bataille furieuse pour décider quelles dents auront enfin quelque pâture à broyer. Le remous de la bagarre est à peine apaisé qu'un Allemand, indigné de ce que nous n'insultons pas ces affamés, fonce sur nous, sabre au clair, en hurlant les coutumières aménités : *Zurück ! Verfluchte Bande ! Schweinbande !*

» Sauve qui peut. Le soir, après la *colle* (nom donné au liquide où flottait un soupçon de farine d'orge ou de maïs), le rassemblement se reforme au long du réseau.

» — D'où êtes-vous ?

» — De Rome, de Naples, de Florence, de Milan, de Ferrare, de Viterbe, de Catane, de Girgenti, répondent les voix. Tous les noms sonores des claires cités d'Italie retentissent.

» — Où avez-vous été pris ?

» — Au Monte Nero, au Monte San Michele, à Udine, au Tagliamento...

» — Et comment ?

» — *Chi lo sa ?* La *ritirata* que nous avons faite, *poveri disgraziati che siamo !* est une chose à ne pas comprendre. Catastrophe ! Des montagnes si hau‑tes qu'avec des pierres on aurait pu se défendre ! Un matin, au sortir de la *pagnotta*, ils étaient derrière nous. Ils nous ont tout pris !... Nous avons marché pendant quatre jours. Pour avoir du pain gros comme une noix, il fallait donner sa montre, ses souliers, son alliance. Et de la pluie, de la pluie ! Poussés à coups de bâton comme du bétail sur le chemin de la foire. Les traînards rossés, piqués de la baïonnette. La nuit, pendant la pause, dans les champs, il fallait se coucher à plat-ventre. Autour de nous, des mitrailleuses. Une fois, des camarades ont rampé jusqu'à une plantation de betteraves qu'ils broutaient tout couchés, quand... pan ! pan ! pan ! des morts et des blessés achevés sous nos yeux... Après la marche, quatre jours de train, enfermés dans le vagon comme des fauves. Et malades des entrailles !... En arrivant à la gare, nous nous sommes jetés sur un tombereau de raves qui passait. Coups de crosse et coups de poing. Mais nous avons gardé nos raves !... Les chiens affamés ne lâchent pas l'os, même si on les tue...

» ...Quand l'arrivée de nos colis nous le permet, nous vidons notre soupe dans les gamelles tendues. Une fois même, c'est le baquet intact que nous apportons près des barbelés. Un sous-officier s'en aperçoit, se précipite, arrache les gamelles déjà pleines, les vide sur le sol boueux, renverse le baquet à coups de pied, puis s'écrie, les bras croisés, prenant les Français à témoin de son haut fait : *Italiener ?... Das ist doch keine Nation !*

« Que faire, alors, pour ravitailler un peu ces perpétuels affamés qui, bientôt, « pour apprendre » ce qu'il en coûte de déclarer la guerre à des » alliés », partiront pour les mines ?... Nous passons aux Italiens des capotes, des képis français. Chaque jour, dans le va et vient du camp, quelques-uns arrivent à se glisser de notre côté.

» — Jamais, me dit un soir un beau gars de Sorrente, nous n'aurions cru que vous nous recevriez comme ça !

» — Pourquoi donc ? Ne défendons-nous pas la même cause ?

» — Sans doute, mais quand on est dans la misère !... Un général tudesque nous avait rassemblés pour nous dire que les Français nous attaque-
raient en nous traitant de lâches... Alors nous
avions peur...

» Un sourire, une poignée de mains terminent
l'entretien.

» Peu à peu, les estomacs criant de plus en plus
famine, ce ne sont plus seulement quelques privi-
légiés déguisés en Français qui franchissent au
bon moment les fils de fer barbelés pour venir
implorer une part de notre *rabiot*. La faim allonge
démesurément le défilé des fantômes qui, la gamelle sous le bras, loqueteux, hâves, les yeux égarés, cherchent pâture. Quelques-uns, silencieux,
se glissent derrière les baraques, et là, les reins
pliés, des deux mains farfouillent dans les sacs à
débris. Une à une, ils examinent les boîtes de conserves. Avec les doigts, qu'ils se lèchent l'un après
l'autre, ils les nettoient du peu de graisse, d'huile
ou de confiture qui reste dans les angles. D'autres,
courbés sur la caisse à ordures, bouleversent dé-
tritus et chiffons, recueillent jalousement les moindres morceaux d'épluchures égarés parmi les im-
mondices. Les plus affamés les mangent sur place,
crus et noirâtres ; les autres les emportent pour
les laver. Il en est enfin, — sans parler de ceux que
la misère et la honte confinent dans les baraques —
qui se contentent de défiler devant nos tables en

nous disant, les mains tendues : *Per piacere, un pez-*
zetto di pane, ho fame !

» Au début, les Allemands se bornent à gifler les
Italiens rencontrés en maraude. Puis leur rage
augmente. Un jour, je vois un sous-officier placer
contre la paroi d'une baraque, au garde-à-vous
le plus strict, un petit Italien, se reculer pour ajus-
ter son coup, puis, prenant un élan, envoyer de
toute sa force sa botte ferrée dans le ventre du soldat qui pousse un cri et s'enfuit les mains nouées
sur l'abdomen.

» Finalement, la Kommandantur envoie dans
nos compagnies, aux heures des repas, une pa-
trouille de quatre hommes dont deux sont armés
de gourdins et les deux autres tiennent en laisse
de gros chiens policiers. Découvre-t-on un Italien ?
Les chiens sont aussitôt lâchés sur lui ; durant que
les mâchoires expertes lacèrent pantalons et jam-
bières, les porte-gourdins accourent et font à tour
de bras pleuvoir sur le malheureux aux abois des
coups retentissants.

» Dès lors, quotidiennement, au moment des
repas, vers onze heures et cinq heures, se produi-
sent des scènes d' « assommade » si effroyables
qu'elles hanteront à tout jamais ceux qui en furent
les témoins. Subitement, aux heures dites, le camp
se remplit de lamentations aiguës. Aux aboiements
furieux des chiens se mêlent les gémissements des
traqués, les cris de douleur des mordus, les implo-
rations des gisants. Aux quatre hommes comman-

dés pour ce jeu diabolique se joignent les surveillants gradés de nos compagnies et même de simples
soldats qui viennent — ils s'en vantent ! — prendre part à la chasse pour le plaisir, pour se faire
la main, en volontaires ! Affolés par la poursuite,
les Italiens, en trombe, s'engouffrent où ils peuvent, se glissent sous les lits des baraques, attra-
pent au détour d'une allée les coups qu'ils avaient
esquivés dans une autre, tournoient, se retrou-
vent toujours face à face avec leurs bourreaux
surexcités. Quand le gibier est cerné dans les
latrines ou dans une baraque, les chiens, dressés
à ce métier, se postent en arrêt à chaque issue.
Pénétrant à l'intérieur avec un troisième chien qui
se jette sous les lits, s'il s'agit d'une baraque, les
Allemands chassent les fugitifs dehors, à coups de
cravache. A la porte les attendent les crocs des
molosses, les matraques. Les Italiens s'affalent
alors à terre en criant, se couvrant la tête des deux
bras en agitant les jambes.

» Ces scènes d'horreur, *je les ai vues cent fois,
comme tous mes camarades*, de même que j'ai vu,
un jour, deux chiens, lancés aux trousses d'un
pauvre diable, bondir sur lui, l'étendre dans un
caniveau plein d'eau sale, lacérer ses habits,
s'acharner à mordre ses mollets, tandis qu'un glo-
rieux représentant de la *Kultur* assène rythmique-
ment des coups de gourdin sur le crâne du suppli-
cié !... Des coups de sifflet partent de tous côtés.
Nous serrons les poings et grinçons des dents de

rage impuissante, nous crions de toutes la force de nos poumons : Barbare !... L'Allemand s'arrête, menace, puis, après avoir besoin de se servir de sa lanière pour arracher les chiens à leur besogne, s'éloigne, non sans avoir frappé, comme pour enfoncer un clou, le dos du patient avec le talon de sa botte. Après quoi l'Italien demeure étendu sur le sol pendant un quart d'heure.

» Que de fois, pendant qu'un Italien surpris dans l'angle du lavoir se met à genoux devant son tortionnaire, joint les mains, crie grâce, que de fois nous avons vu d'autres prisonniers saisis par les chiens au moment où ils s'engagent dans les passages. Pour éviter d'être traînés, les infortunés s'accrochent des mains aux ronces des barbelés, gigotent sous les coups, se déchiquètent les chairs. D'autres, égarés par cette chasse à l'homme, tentent de forcer d'assaut une trouée trop étroite : coincés entre deux fils de fer, enchevêtrés dans les piquants, ils offrent belle surface à la dent des chiens, aux coups sifflants des cravaches. Et il arrive même que les Allemands, non encore satisfaits, appuient par saccade contre les crochets des fils de fer rouillés le visage sanglant de ces malheureux épinglés.

» Cela dure bien dix jours durant lesquels, surtout donc aux heures des repas — car les Italiens ont à choisir entre la mort par la faim ou les chiens et les coups de gourdin — le camp nous offre une vision terrifiante. Tout un chœur de

damnés, poursuivis par les molosses et les démons
armés, tourbillonne autour de nous, se lamente,
hurle, maudit. Ceux d'entre les Italiens qui sont
morts à Merseburg, sont morts en enfer.

» — Ça me retourne le cœur ! me dit un soir un
des rares survivants des héros de Dixmude. Tu
verras qu'ils vont encore nous répéter, un de ces
quatre matins : Messieurs les Français, trouvez-
vous encore que nous sommes des barbares ?

» Ayant relu les lignes que je viens de tracer
dans le paisible village où j'essaie de revivre, je les
trouve pâles. Elle ne traduisent pas, aucun mot ne
peut traduire l'horreur de ces chasses à l'Italien,
en octobre-novembre 1917. Et je ne conclus pas.
A quoi bon? Les camarades qui, plus heureux
que nous, sont encore au front, s'en chargeront. »

A notre tour, n'affaiblissons pas ce témoignage
d'un ami, dont nous connaissons la foncière droiture, par une seule ligne de commentaire.

* * *

« Mais, diront quelques-uns, il y a des milliers
de prisonniers convenablement traités. Nous avons
visité des camps, de nombreux camps. Il y avait
un orchestre, des bibliothèques, des cours d'enseignement mutuel, on y donnait la comédie. Ce
n'était pas toujours follement gai, mais, dame ! un
prisonnier est un prisonnier ! »

Ceux qui parlent ainsi ont-ils visité les camps
de Cassel-Niederzwehren, de Langensalza, de Wit-

temberg, durant les mois où le typhus y exerça ses ravages, typhus dû au mélange systématique de prisonniers russes contaminés et de prisonniers français indemnes, sous le prétexte ironique qu'il fallait « apprendre aux alliés à se connaître » ? Résultat : des morts par milliers... Ces visiteurs ont-ils jamais pénétré dans un seul des camps relégués sur les confins de la Russie, où plus de trente mille « représaillés » étaient livrés à des centaines de gardes-chiourme et à des myriades de moustiques ?... Ont-ils vécu parmi les « travailleurs libres » de Belgique alors qu'on les martyrisait pour les contraindre à d'épuisantes besognes ? Ont-ils surtout séjourné des mois, ou un seul jour, ou une seule heure, pour creuser des tranchées, dans la zone du front battue par l'artillerie ?... Non ? Alors qu'ils écoutent les témoins.

Un délégué suisse nous disait : « Alors qu'en France et en Angleterre j'interroge les prisonniers à ma guise, seul à seul, en Allemagne il y a toujours des oreilles allemandes pour écouter. Celui qui a proféré une plainte, on peut le croire, est aussitôt noté, et les suites ne doivent pas se faire attendre. »

Après quoi il est évident qu'il existe des installations modèles, que les camps sont, dans une certaine mesure, ce que les font les chefs, et qu'il y a des chefs justes, sévères sans dureté, pitoyables même, chevaleresques à l'occasion. Ces camps modèles, on les montre, on les cinématographie.

Avec une habileté qui fait partie d'un système, les Allemands peuvent ainsi nier le pire en affichant le mieux.

Mais, encore une fois, il y a *ce qu'on ne montre pas, ce qu'on ne montre jamais*, les lieux où l'on applique les conseils de l'état-major, le terrorisme élevé à la hauteur d'un principe de guerre. Là, savamment, cyniquement, on enfonce le prisonnier dans le désespoir, dans une angoisse vide, on l'affame, on le prive de ses colis, de ses lettres, ce pain du cœur, on l'accable de lourds travaux, on le poignarde dans sa dignité, on rit de sa maigreur, guettant le moment où il écrira aux siens : « Nous souffrons trop, faites la paix !... »

M. Blanchet a pensé avec raison qu'il fallait dénoncer au monde, plus explicitement que cela n'avait été fait jusqu'à ce jour, ces honteuses pratiques. Expédié par les représailles en Westphalie, en Pologne, sur les bords de la Baltique, il raconte ce qu'il a vu et subi obéissant au vœu cent fois exprimé par les camarades de bagne : « Tu diras ce que nous avons enduré ! » Sans emphase, sans déclamation, il nous met en face des faits. Certes, ils parlent assez haut !... Et pour prouver qu'il s'agit bien d'un système, de l'exécution d'ordres venus d'en haut, M. Blanchet a groupé des témoins qui apportent aussi leur déposition de soldat français, d'honnête homme. L'ensemble forme le plus formidable réquisitoire qu'on puisse imaginer contre le militarisme prussien, contre ceux qui ont prémédité cette guerre, qui l'ont voulue cruelle afin que les peuples à genoux demandent grâce, et plus cruelle encore devant le recul de la victoire foudroyante afin que les plus intrépides sentent leur cœur se troubler.

L'auteur de ces lignes connaît M. Blanchet et les camarades qui l'assistent, tous pondérés dans leurs jugements, très conscients de la gravité de ce qu'ils affirment, soucieux de ne rien avancer qui ne soit scrupuleusement exact, de ne rapporter que des choses vues et vécues, bref, des témoins de premier ordre.

En parlant, ils ne rendent pas seulement un service à la France, leur patrie, aux soldats, leurs frères, dont ils stimulent le courage, aux gens de l'arrière, moralement obligés de tenir le fameux « quart d'heure de plus »; ils rendent encore service aux pays neutres, placés devant la brutale menace pangermanique et la sympathie reconnaissante due à ceux qui versent leur sang afin que le cauchemar s'éloigne et s'efface.

M. Maurice Millioud a écrit quelque part :

« Qu'est-ce qu'il faudrait croire, que pourrait-on espérer, qu'y aurait-il à faire si ceux qui ont opéré comme le monde entier sait qu'ils opèrent chaque jour en Belgique, en France, en Pologne, en Serbie, en Arménie, devenaient nos maîtres ?... Tout ce que l'humanité a lentement acquis d'instincts supérieurs, tout le travail d'où est résultée la constitution de l'âme humaine serait anéanti. »

Le Dr Muehlon ajoute :

« Il n'est que juste que l'Allemagne, à cette heure, soit mise au ban du monde entier, car le triomphe des méthodes dont s'inspire notre conduite de la guerre militaire et politique serait une défaite des plus hautes idées et des plus grands espoirs de l'humanité. »

Et un modeste soldat suisse s'écriait un jour, écoutant la rumeur du canon d'Alsace :

« Ah!... s'*ils* étaient vainqueurs, ça m'éteindrait toute la chaleur de la conscience!... C'est impossible!... »

Ainsi donc, un professeur de philosophie, un ancien directeur des usines Krupp et un bûcheron des montagnes helvétiques se trouvent d'accord. Une même indignation leur fait exprimer la même pensée qui est aussi une certitude : l'arbitraire, la violence injuste, le terrorisme se briseront contre la force du Droit.

BENJAMIN VALLOTTON.

NOTRE BUT

En reprenant contact avec la vie française après plus de trois ans de captivité et d'internement, nous sommes douloureusement impressionnés par le fait que le sort de nos camarades prisonniers est encore peu ou mal connu.

Pourquoi, de façon générale, le public ignore-t-il l'exacte situation du prisonnier de guerre ?

La réponse se trouve dans l'examen des sources de renseignements.

Il convient de signaler tout d'abord l'active propagande faite chez les neutres par le journal, la brochure, l'album, le cinématographe allemands. Patiemment, tenacement, cette propagande s'applique à tromper, à endormir l'opinion publique. Dans quel but ?... Il est inutile d'insister.

Des commissions neutres, il est vrai, ont visité les camps, puis raconté leurs impressions. Hélas ! les commissions, formées de gens animés de la meilleure volonté du monde, ne pouvaient avoir du « régime » imposé au prisonnier qu'une idée fort approximative. Qui voyaient-elles ? Les Français maintenus dans les camps et jouissant d'une

existence relativement privilégiée. Les commissions étaient alors aussi mal placées pour se for-
mer une opinion que si, voulant connaître la vie
du poilu dans la tranchée, elles avaient passé deux
ou trois heures dans un bureau de l'arrière. Les
prisonniers — la grande majorité — qui souffrent
le plus sont en effet au travail, dispersés çà et là,
dans les carrières, les usines, les mines, dans les
camps de représailles et de discipline. Or, le traitement qu'on inflige à ces dizaines de milliers
d'hommes échappe complètement aux investiga-
tions des commissions d'enquête.

En outre, dans quelles conditions les neutres
voient-ils et interrogent-ils ceux qui peuvent leur
parler des absents ? C'est après une mise en scène
de plusieurs jours ; on a nettoyé les baraques pour
la visite ; on a distribué des vêtements ; la soupe,
comme par hasard, se fait mangeable. Quant aux
prisonniers dont on redoute la franchise, ils sont
autant que possible écartés. Ceux qui s'entretien-
nent avec les membres des commissions le font
sous les yeux inquisiteurs de tout l'état-major du
camp et ces yeux fixés sur leur visage promettent
tracasseries et dures punitions à qui ne se déclare
pas satisfait des geôliers et du régime. S'il en est
qui, interrogés sans témoin, plaidèrent la cause de
leurs camarades persécutés, les observations des
commissions neutres attirèrent sur ces courageux
des sévices sans nombre. Ils furent taxés de men-
teurs par les Allemands, gravement punis pour

dénonciation calomnieuse ; durant toute leur captivité ils payèrent cher et paient souvent encore la
satisfaction du devoir accompli.

Une troisième source est constituée par les récits
et les écrits des évadés, des rapatriés, par les lignes
tracées en cachette dans le fond obscur d'une baraque et arrivées en France par des voies au sujet
desquelles le public comprendra notre silence. Ces
récits, ces écrits disent la vérité, toute la vérité.
Mais l'auditeur ou le lecteur demeurent souvent
sceptiques. Ils s'écrient : « Il est impossible que cela
soit vrai. C'est trop affreux ! Ne serait-ce pas là
une habile propagande, d'inspiration plus ou moins
officielle, faite pour impressionner le combattant,
pour le déterminer à mourir plutôt que d'accepter
de se rendre ?... Ou encore exagération du rescapé
qui entend poser sur son front l'auréole du mar-
tyre ! En tout cas il ne s'agit que d'une exception,
du roman d'un seul, de quelques-uns, peut-être !
Mais il est inconcevable que l'on se trouve en face
d'un système de cruautés soigneusement élaboré,
dosé, méthodiquement appliqué à des milliers
d'hommes désarmés. » Ainsi raisonne parfois,
trop souvent, le civil assis au coin de son feu.
Bénévole ami, crois-tu donc que les soldats qui
défendent ton sol se transforment en prisonniers
par leur bon vouloir ? Le poilu est prisonnier parce
qu'il a trop avancé, parce qu'il a été blessé et
ramassé sur le champ de bataille, parce qu'il a
tenu la position et que l'on a faibli à ses côtés ; il

a été entouré, dépassé par une vague d'assaut et réduit à l'impuissance.

Du reste, le soldat ne sait-il pas ce qui l'attend en captivité ? Demandez, lecteurs ou auditeurs incrédules, à ceux qui sont rentrés d'Allemagne : « Laissant un instant de côté toute idée de devoir, préféreriez-vous retourner en Allemagne ou au front ? » Pas un, pas un seul, ne voudrait reprendre la vie du captif.

On connaît les glorieuses souffrances du poilu dans la tranchée. Nous voudrions, dans les pages qui suivent, entretenir le public des épreuves obscures de ceux qui n'ont plus le beau rôle dans la grande tragédie, éveiller ou stimuler l'intérêt, la pitié qu'ils méritent.

Le sort, dont nous avons souvent maudit la cruauté, a voulu que nous souffrions dans un grand nombre de camps. Il a fait de nous un témoin dont l'élémentaire devoir est de dénoncer l'affreux traitement infligé, sous prétexte de représailles, à des milliers de prisonniers français, à trente mille à la fois, à un moment donné, sur le seul front russe, à d'autres milliers sur le front français, au bord de la Baltique, ailleurs encore. Nous nous devons à nous-mêmes, nous devons aux camarades de crier la vérité, de prouver qu'il s'agit d'un système, d'une volonté venue d'en haut, poursuivant des buts inavouables. Et quand nous eûmes en face de nous des adversaires humains, nous le dirons aussi, en toute loyauté.

Ce n'est pas à la mondaine désireuse d'histoires terribles dont elle pourra se faire la messagère entourée dans les salons, ce n'est pas aux êtres avides d'émotions fortes que nous dédions ce livre. C'est à la mémoire de ceux qui se sont éteints là-bas, dans l'isolement, dans un désespoir impuissant, c'est à ces bons Français qui ont souffert jusqu'à la mort ; c'est aussi à nos frères plus heureux qui luttent pour qu'il y ait encore une France et des peuples libres. En lisant ces pages ils apprendront de quoi est fait le militarisme de nos ennemis, ils comprendront pourquoi ils doivent à tout prix tenir « un quart d'heure de plus ».

Mais ce livre, nous le dédions aussi et surtout à la génération qui grandit pour qu'elle se souvienne !

PRISONNIERS !

Nous étions exactement trente-neuf blessés, de toutes les armes, de tous les âges, à l'hôpital de Roubaix, le 10 octobre 1914. Nous ruminions nos deux mois de campagne...

Je revois encore les bonnes sœurs de l'hôpital écoutant dans une extase admirative les récits des camarades... Le tocsin de la guerre, l'élan impétueux du départ, les bravos de la foule, les mouchoirs agités sur le quai de la gare où se pressent tous ceux qu'on aime, les chants, les fleurs... La fièvre des premières batailles ; des morts, des cris ; on avance, on recule, on recule encore ; les yeux hors de la tête, raidi dans l'effort, dans la volonté de vaincre, on rampe dans la poussière, dans l'intolérable chaleur ; hallucinations ; on dort au creux d'un fossé, on repart plus maigre, ivre de fatigue, titubant sous le poids du sac, les pieds en sang ; et ce tapage du canon qui vous suit, ce ricanement subit des mitrailleuses...

Les blessés rapportaient des propos entendus. « Encore un coup, les enfants ! » disait un officier. « Pourquoi qu'on fout le camp ? » murmurait un soldat. « Quand s'arrêtera-t-on pour leur montrer qu'on est un peu là ? » disait un autre... Puis l'exode impressionnant des populations fuyant devant l'envahisseur.

Soudain, à un carrefour, sur un poteau indicateur : *Paris, 40 kilomètres.* Hein ? Quoi ? Quarante kilomètres ? Mais alors !...

L'ordre du jour de Joffre : En avant !... Cette fois on se retourne, les poings serrés, les dents plantées dans la lèvre. On ne rampe plus, on court sans comprendre, sans rien savoir, sauf une chose : c'est qu'on ne tourne plus le dos, qu'on les a, qu'on les aura. La Marne ! on tient quelques jours. On avance !

Un aéroplane tombe du ciel. Un homme saute à bas de la machine, qui crie au colonel : « Mon colonel, ils fuyent sur la route de Villers-Cotterets. » Devançant l'ordre, le désir fou de la poursuite... On oublie que les pieds saignent, que le casque serre le crâne comme un étau, qu'éreintés, il faut encore pousser aux roues des canons.

Puis la course à la mer. Routes noires de véhicules, taxis, autobus remplis de fantassins, escadrons galopant à travers champs. Direction le nord... La mer... La porte est fermée... Le front s'immobilise...

A l'ouïe de nos récits, les bonnes sœurs se confondaient en signes de croix et en profonds soupirs d'admiration. Chaque jour, les camarades parlaient, discutaient, racontant simplement, naïvement, le soldat de France, le soldat de la Marne, de l'Yser, le soldat que l'on chante aujourd'hui.

Un soir, montant de la rue, des ronflements d'automobiles lancées à toute vitesse... L'un de nous, clopinant, va jusqu'à une fenêtre dont il écarte le rideau... Il recule... Il balbutie, mais tout le monde entend ce mot qui sort comme un râle : « Les Prussiens ! »

Nous nous sommes dressés sur nos lits. Ceux qui le peuvent sautent à bas, s'approchent de la fenêtre. Les Prussiens ! Ils sont là !... Des cris gutturaux, le choc cadencé de lourdes bottes sur le ciment des corridors. Les Prussiens ! Nous nous regardons hébétés, la bouche ouverte, blêmes, stupides, tandis que les bonnes sœurs quittent la salle pour cacher leurs larmes.

*　*　*

J'étais incapable de réaliser les sentiments qui affluaient, qui tourbillonnaient en moi. Non ! alors quoi ? Prisonniers ? Pauvre imbécile ! je croyais qu'à la guerre on pouvait être blessé, qu'on pouvait être tué, que l'on pouvait en sortir indemne, mais l'idée d'être fait prisonnier n'avait jamais effleuré mon esprit. Prisonnier ! Ce mot me meurtrissait la tête dans sa brutalité.

Une subite indignation : Pourquoi ne nous a-t-on pas évacués ? Parce qu'on n'a pas pu, pardi ! Tout de même !... Une angoisse d'homme qui se noie, angoisse accrue constamment par de nouveaux cris

gutturaux devant la porte. Et toujours le martèle-
ment des bottes. Adieu mon beau régiment de cui-
rassiers que je rêvais de rejoindre sous peu ! adieu
les fidèles amis du peloton ! mes chefs ! adieu mon
grand cheval !... Et ma famille ? Quoi ! je pensais
à mon grand cheval avant de penser à elle, à mes
parents, à mon frère qui continuait la lutte... Là-
bas, en Allemagne, on dit qu'ils envoient leurs
prisonniers se battre contre les Russes. N'ont-ils
pas achevé des prisonniers, des blessés — des
témoins l'ont conté avec une terreur au fond des
yeux — au soir des jours de batailles? Prisonnier !

Je revois une gravure de l'autre guerre, de celle
que firent nos pères : des hommes, têtes basses,
en troupeau ; les vainqueurs qui rient et qui nar-
guent du haut de leurs chevaux... Et je revois aussi
mon père et ma mère debout sur le quai de la
gare de Fontainebleau qui m'envoient du bout des
doigts tout leur amour dans un baiser. Je m'étais
vivement éloigné de la portière du vagon et j'avais
trouvé la force de retenir mes larmes, entonnant
avec mes camarades de voyage une *Marseillaise*
endiablée. Et mon frère ?... Oh ! tous les trois, s'ils
savaient ! Mais ils ne sauront peut-être jamais.
Mon Dieu, qu'ils vont pleurer !

Et toujours ce mot : Prisonnier, prisonnier, qui
m'assaillait avec une ironie torturante à chaque
coup des bottes ferrées. Résistons ! Des armes ! Je
regarde autour de moi : ma cuirasse, des lits, des
cuvettes !

Des pas sonnent si furieusement dans le vestibule qu'ils semblent casser les carreaux de dallage.

— C'en est un ! dit un petit zouave.

La porte s'ouvre.

Oui, c'en est un , un grand diable, vêtu de gris, poussiéreux, tout en lippes. Il reste debout près de la porte, les talons joints, immobile, la baïonnette aux dents de scie, plantée au bout du fusil. Nos regards cherchent le regard de l'ennemi, le tiennent à distance, lui disant violemment que malgré notre émotion nous n'avons pas peur. Lui, stupide, mâchonne sa chique, crache brun sur le parquet, caresse de la main la baïonnette aux dents de requin.

Le sort en est jeté ! Nous nous débattons encore dans l'intimité des sentiments, nous espérons un miracle. Du regard, je cherche une issue possible. Et de nouveau cette idée démoralisante : Rien à faire ! Les bottes martèlent toujours le trottoir. Déjà, on a accepté. Mais le mot ne nous lâche plus, ne nous lâchera plus. Prisonnier ! prisonnier !

La canonnade roule comme un tonnerre à quelques kilomètres de la ville. Bientôt deux grosses pièces, en batterie beaucoup plus près, déchirent l'air de dix en dix minutes. Nous apprenons qu'elles tirent sur Lille... Des artilleurs qui sont parmi nous reconnaissent les départs si secs et les éclatements métalliques de nos 75. Les coups, d'abord lointains, espacés, se multiplient, se rapprochent.

Combien de temps cela dura-t-il ? Je ne le sais plus. Mais ce dont je me souviens comme si c'était d'hier c'est qu'un jour, dans l'après-midi, vers trois heures, une fusillade éclate, le crépitement des mitrailleuses à quelques centaines de mètres.

— Ça y est ! crie le zouave...

Les nôtres arrivent ! La délivrance ! C'est certain. La sentinelle s'éloigne affolée, court aux renseignements. Nous sommes tous aux fenêtres, le buste penché à l'extérieur. Nos yeux scrutent la distance barrée par le tournant de la rue... C'est là que vont surgir les baïonnettes françaises, puis les têtes coiffées du képi, les pantalons rouges...

Je m'imagine avec une candeur enfantine une entrée triomphale, les officiers en avant, sabre au clair, la fuite éperdue de nos sentinelles, nos vivats, les embrassades. Nos tempes battaient à se rompre. Paisiblement, cyniquement, le fracas de la lutte diminue, s'espace dans le crépuscule, s'éteint dans la nuit, Oh ! ces derniers coups avant le grand silence, pareils aux derniers tintements d'un glas d'agonie. Il m'en souvient, désespéré, j'allai mettre ma cuirasse en lieu sûr. Geste naïf. Prisonniers !

Puis l'hôpital se remplit de blessés allemands. On les amenait dans de grands autobus. Aussitôt des infirmiers bavarois se précipitaient pour les transporter dans les salles. Certain jour que je me trouvai près de la porte d'entrée en compagnie de mon ami Forest, un adjudant de zouaves, un autobus stoppa au pied de l'escalier. Empressement des infirmiers allemands. Une dizaine d'hommes demeuraient encore dans le lourd véhicule. Dans son jargon de la Prusse orientale, le chauffeur cria : « Laissez-les descendre tout seuls... Je ne sais pas pourquoi on m'a collé cette cochonnerie-là !... » L'homme désignait de la sorte dix braves camarades anglais grièvement blessés.

Nos pauvres alliés se laissèrent tomber de l'autobus, se soutenant mutuellement. Deux d'entre eux, blessés aux jambes, demeurèrent hésitants, pâles, le front couvert de sueur, devant la première marche de l'escalier. Le conducteur de l'autobus regardait ce spectacle en allumant sa pipe. La sentinelle restait impassible. Nous nous avançâmes, nous aidâmes nos frères d'armes à gravir les marches de l'escalier...

Notre docteur français, un vieux à barbe blanche, s'offrit aussitôt à soigner ces blessés anglais, mais on le lui interdit, lui défendant même d'entrer dans la salle. Deux jours plus tard, un des Anglais, atteint à la tête, portait encore autour du front son pansement individuel, maculé de terre, taché de sang... Stoïque, les yeux fixés sur le plafond, il souffrait sans un mot, sans une plainte.

De la pluie, du temps gris, monotone, éternel. Un matin, un ordre... *Raus ! sofort !...*

Les blessés à peu près valides montent dans une voiture d'ambulance. Bien mort, notre espoir de délivrance! On nous dit que nous allons prendre le train à Lille. Sur tout le parcours, les femmes jettent par les fenêtres de notre voiture des fleurs, du pain, des porte-monnaie, des adieux lancés à pleines mains, des sourires, des «Au revoir! » poignants... « Courage! A bientôt!... » Tous, nous nous taisons, les larmes aux yeux...

*　*　*

Groupés sous le hall de la gare de Lille, nous attendons. Soudain une clameur immense. En grappes serrées des renforts allemands descendent d'un train. En un clin d'œil la horde nous entoure, hurle sa haine, bave des insultes, se jette sur nous pour nous arracher des « souvenirs »... Ces soldats n'ont pas encore vu le feu et ils veulent nos képis, les boutons de nos uniformes. Un petit zouave râblé défend sa chechia. On le frappe ; il riposte à coups de poing dans la molle figure d'un gros blond. Bagarre. Je reçois un formidable coup de pied dans les jambes. De toute ma voix je crie en allemand : « Il n'y a donc pas un officier ici pour protéger des blessés ?... » Un capitaine allemand a entendu ; il accourt. Nous avons de la chance ! Sur un geste, les soldats allemands saluent, font claquer les talons de leurs bottes, puis élargissent le cercle autour des prisonniers hérissés, dépenaillés, beaucoup tête nue. Sur un ordre bref on nous rend les boutons, les musettes, les coiffures volées...

Peu après on nous adjoint des officiers français.
Aucun ne sait l'allemand. Mon cri de protestation
m'ayant fait remarquer, je leur suis attaché
comme interprète.

* * *

Et nous voici roulant vers l'Allemagne. Mon
Dieu ! que c'est dur de s'éloigner de sa patrie ! Ce
trajet, je rêvais de le faire en marche victorieuse !
Quelle chute ! Deux sentinelles sont là, assises
près de nous, baïonnette au canon. Les poteaux
télégraphiques défilent, se succèdent, rythment
notre arrachement au pays. Je les compte jusqu'à
ce que mon cerveau chavire.... Que le train va
vite ! Que de gares, de villages, de villes dépassées !... Il nous semble que nous roulons depuis
des semaines... La France a disparu, estompée
déjà dans la brume des souvenirs... Nous nous
taisons... Les rauques sifflements de la locomotive
éclatent dans nos cœurs gonflés à faire mal. Et
pourtant nous sommes encore en Belgique, c'est-
à-dire chez nous puisque des femmes, reculées
tout au fond des chambres pour qu'on ne les voie
point de la rue, nous envoient des adieux, des bai-
sers. Le geste las nous répondons.

Soudain, là où nous cherchons un sourire, un
poing tendu. Nous y sommes ! L'Allemagne ! Et
nous nous sentons tous doublement prisonniers.
Dans plusieurs gares, des mannequins bourrés de
paille, habillés d'uniformes français pris sur des

champs de bataille, pendent attachés à des poten-
ces ou aux poutres des toitures. Des gosses les
enflamment dès qu'ils nous aperçoivent. Car notre
arrivée a été annoncée. On a convié la foule à
venir se repaître du spectacle! Elle hurle, cette
foule, et si elle découvre dans un train quelque
uniforme anglais, ses hurlements redoublent. Des
femmes gloussantes, échevelées, bestiales, vraies
furies, vomissent à notre adresse des mots sans
suite, se pressent contre nos vagons, frappent les
vitres du poing, secouent rageusement les por-
tières, se trémoussent d'hystérie, glapissent sur
des tons suraigus des injures effroyables. Les
femelles des Huns devaient ressembler à ces
femmes. De guerre lasse, elles poussent en avant
des nichées de gosses, vite hissés à bonne hauteur, et avec eux elles crachent dans notre direction. Puis ce sont des grappes de figures enfan-
tines collées contre les vitres, grimaçantes, con-
vulsées, aux bouches ouvertes pour l'insulte. Vivement, ces gosses passent et repassent sur la
gorge leurs mains à plat, comme un couteau de
guillotine, et ils crient : «*Morgen kaput !... Paris
kaput !...* »

AU CAMP DE CREFELD

Crefeld. La représentation continue dans les rues de la ville. Notre « cortège » y a été annoncé et la population se presse, avide, en masse, pour huer quelques dizaines de soldats désarmés, coupables d'avoir défendu leur patrie traîtreusement attaquée.

Neuf heures du soir. On nous entasse dans les bâtiments d'une caserne de hussards, bâtiments entourés de deux hautes palissades et de barbelés. Partout des sentinelles. Le premier jour, nous tournons dans cette enceinte comme des hyènes dans une cage. Une idée fixe, lancinante : trouver un trou, retourner à la *liberté !*... La liberté ! On sourit parfois de ce mot... Mais dans la bouche du prisonnier il reprend tout son sens, il est comme la réalisation objective de toutes ses aspirations, et il ne le prononce qu'à demi-voix, avec une mystique ferveur.

J'avais comme camarade d'écurie (à la lettre, puisque nous logeâmes pendant plusieurs mois dans l'écurie de la Husaren Kaserne) un brave petit chasseur à cheval nommé Dutron. C'est à la complaisance de nos chefs français que nous dûmes de séjourner pendant quinze mois dans un camp d'officiers. Ils s'ingéniaient en effet à donner aux autorités allemandes des raisons suffisantes à notre présence dans le camp. Dutron distribuait les journaux. Quant à moi, j'étais bibliothécaire deux heures par jour. Le reste du temps, je faisais le portrait au fusain des officiers. Ces « documents » rassuraient les familles françaises, les photographies étant alors interdites. De ces portraits, les plus mauvais (assez nombreux, heureusement) arrivèrent seuls à destination. Les médiocres, les bons s'il en était, trouvèrent des amateurs, sinon éclairés, tout au moins chapardeurs, parmi les sur-veillants.

Existence d'une démoralisante monotonie. Aussi les projets d'évasion de fleurir ! Le premier, un Anglais énergique, le major Vandeloov, tenta la chance. Souffrant d'une subite rage de dents, il obtint l'autorisation d'être conduit par une senti-nelle chez un dentiste de la ville. Là, le major ma-nifesta l'impérieux désir de s'isoler quelques ins-tants. Le dentiste attendit longtemps son client. De guerre lasse, inquiet, il enfonça la porte qu'on devine et se trouva devant un balai de chiendent et une fenêtre ouverte. Quelques jours plus tard, une lettre trompant la vigilance de la censure nous apprenait que la Hollande avait recueilli l'ingé-nieux fugitif.

Ce succès aviva nos espoirs. La surveillance, il est vrai, avait redoublé de rigueur. Nous creusâmes dans les caves des souterrains pour passer sous les barrières, mais malgré toutes nos précautions — de nuit, grimpés sur le toit des baraques, nous jetions la terre de déblai dans les canaux des cheminées, et nous camouflions de notre mieux l'orifice des souterrains, — le truc fut découvert. On ne s'en étonnera pas trop quand on saura, ainsi que nous l'apprîmes par la suite, que des espions allemands, vêtus de l'uniforme russe, avaient été placés dans le camp comme ordonnances des officiers.

Un après-midi, par un violent orage — vent, torrents de pluie — je dessinais dans un coin de l'écurie quand un coup de feu me fit soudain sursauter... Presque aussitôt Dutron entra en trombe, pâle mais souriant.

— Il m'a raté !... Et il ne me reconnaîtra pas !

Le petit chasseur me conta que, mettant l'orage à profit, il avait tenté de détaler en compagnie d'un officier de son régiment, le lieutenant d'Assy. Déjà ils avaient franchi la première palissade quand une sentinelle était accourue. Vivement, Dutron battit en retraite, les mains sur la figure pour assurer son anonymat. La balle avait sifflé à ses oreilles... Saisi, le lieutenant fut jeté en prison. Quelques secondes après, la cloche de l'appel sonna. Le commandant du camp, le major Kurt eut beau

menacer, promettre une exemplaire punition collective, le deuxième coupable demeura introuvable. Questionné à réitérées reprises dans son
cachot, le lieutenant resta muet. On le condamna
à six mois de forteresse pour vol d'une carte qu'il
avait en réalité trouvée dans la cour certain matin
qu'elle était tombée de l'auto du commandant.

* * *

Pour châtier les tentatives subséquentes, le commandant Kurt, qui n'était du reste pas un méchant
homme, je tiens à le dire, et jouait son rôle en
conscience, prit des mesures amusantes : suppres-
sion de la vente du vin à la cantine, défense de fu-
mer. En cortège, les officiers furent contraints de
livrer leurs paquets de tabac. On se serait cru au
collège ! Mais officiers et sous-officiers allemands
en furent pour leurs frais. On fumait en cachette
puis on semait les bouts de « mégots » dans la
cour, sur le chemin fréquemment suivi par le major qui murmurait avec l'accent du désespoir : Ah !
ces Français !...

Cela dura quinze mois. J'en ai gardé, comme il
est naturel, un souvenir d'affreuse monotonie ; des
jours tous pareils, enclos comme nous-mêmes de
fils de fer barbelés... On se promène... On attend...
On attend les « tuyaux »... Un incident démesurément grossi. Une nouvelle filtre on ne sait d'où,
bonne ou mauvaise, vraie ou fausse. Les lettres ;

Pierre Laurens
1165

on fait la queue pour avoir ses paquets, pour acheter un objet de deux sous à la cantine. On attend
des heures par jour pour l'appel. On noue des
amitiés dont un homme qui n'a pas végété quinze
mois derrière le hérissement des ronces ne peut se
faire aucune idée. Et les jours font des semaines,
les semaines des mois, des saisons. Et l'on attend...

Mon propos n'est pas d'entrer dans le détail de
ces quinze mois. Grisaille, ennui. Chacun réagit
suivant les lois intimes de son tempérament.

Comme c'est dur de vivre derrière ces barrières !
Tous s'appliquent à *tenir*, à chasser l'affreux
cafard. Pour les officiers les plus âgés, pères de
famille, cette lutte est particulièrement difficile.
C'est moins visiblement héroïque qu'au front,
c'est peut-être aussi grand parce qu'il ne se passe
rien, parce qu'on vivote dans l'inutile, dans
l'absurde, sans aucun point de repère, sans bruit,
sans coup de force, un jour glissant — je ne trouve
pas d'autre mot — dans un autre jour, comme une
lente rivière s'insinue dans une rivière plus lente
encore. Ça prend des allures d'éternité. Cafard !
Soudain un rire, des blagues, puis de nouveau le
cafard, l'atroce cafard !

Ça va durer jusqu'à quand ? On nous dirait encore deux ans, trois ans, eh bien ! on compterait
les jours qui restent à souffrir, on fixerait sa pensée sur le moment qui doit apporter la liberté.
Mais ici, dans le doute, chaque jour passé ne

diminue pas, semble-t-il, le nombre de ceux qui restent à parcourir dans l'attente vide. Par la voix d'un juge, tous les condamnés du monde savent la limite de leur peine. Mais nous ! Peut-être dans quelques mois, peut-être dans dix ans. Illusions... Déceptions... Et c'est bien de cela dont on souffre le plus.

L'appel, trois fois par jour... Un sous-officier trop gras et trop riche pour aller au front nous compte en français.

— Un, deux, trois, quatre...

Apercevant une tête qui ne lui revient pas, il s'interrompt :

— Verdun, kaput. Et Paris kaput dans quelques jours...

— Penses-tu, bébé, lui répond un loustic en haussant les épaules...

— Cinq, six, sept... C'est vrai ! J'ai vu le communiqué officiel de l'agence Wolff.

De temps en temps, la ville chantait victoire : les drapeaux claquaient au vent, hissés sur tous les édifices et même sur le plus haut bâtiment du camp. Sur nos têtes, les aigles noirs étalaient leurs macabres silhouettes d'oiseaux de mort, ouvraient leurs griffes acérées. Et toutes les cloches sonnaient un carillon forcené. Ordre de la Kommandantur ! Les cloches de ces temples où l'on célébrait la religion du Christ célébraient aussi le communiqué du jour : « Reims est en flammes... Nos avions ont bombardé Paris, nombreuses victimes. »

Extra Blatt. Par les fenêtres nous apercevions le marchand de journaux dont la figure, éclairée d'un malveillant sourire, se levait vers nous pour nous narguer. Il passait et repassait, courait autour du camp, hurlant, tonitruant à pleins poumons : *Extra Blatt ! Siegreiche Kämpfe im Westen ! Grosse Verluste der Franzosen und der Engländer.*

... Quoi ?... Est-ce vrai ?... Exagération, sûrement... Mensonge ?... Cependant, il faudra attendre jusqu'à demain le journal qui donne les communiqués français. Jusqu'à demain ! Et le voyou à casquette galopait toujours : *Grosse Verluste der Franzosen !*

... Les drapeaux ont été remis dans leur toile cirée. Les cloches ne sonnent plus que pour les offices et les nombreux enterrements. Et de nouveau la grisaille, l'angoissante monotonie, l'ennui dans le vide... Cela ne peut durer. Je vais tenter de m'enfuir à n'importe quel prix...

Un soir, accompagné du lieutenant Leclerc, je pénétrai dans le magasin d'habillement des sentinelles au moyen d'une façon de passe-partout fabriqué avec d'inoffensives clefs de boîtes à sardines. Nous nous proposions de faire main basse sur des uniformes prussiens, quand l'inspecteur du camp pénétra à son tour dans le magasin. En trois bonds, le lieutenant et moi nous gagnons une sorte d'avant-toit qui protégeait l'escalier.

Blottis dans le noir, le cœur et les tempes battant si fort qu'il nous semblait qu'on devait entendre leurs pulsations, nous attendons. J'avais beau retenir ma respiration, il me semblait que je mugissais comme un soufflet de forge. Les pas s'éloignent... Sauvés !... Puis des pas doubles qui s'approchent, s'approchent... On gravit l'échelle qui mène à notre cachette. Un éclair ! Je fais un écart involontaire... Ce n'était que la fugitive lueur d'une lampe électrique braquée dans notre direction par une sentinelle... Je tends mon portemonnaie qui contenait bien deux ou trois marks. Mais la présence de l'inspecteur stimule singulièrement la vertu du soldat.

* * *

Dix minutes plus tard, la porte d'une cellule claquait sur mes talons et je me trouvai immobile, stupide, dans la froide obscurité. La solidarité dans l'infraction aurait dû, semble-t-il, créer la solidarité dans la punition. Il n'en fut rien. Ce n'est pas dans les habitudes du militarisme prussien. Puni de deux semaines d'arrêts, le lieutenant eut un lit dans sa cellule dont la porte resta entr'ouverte. On lui accorda le droit de lire, d'écrire, et de se faire apporter trois fois par jour un repas de la cantine.

Mon régime fut sensiblement différent. Ma cellule comptait exactement — je l'appris par expérience ! — trois pas de long sur un pas et demi de large. Comme ameublement un bas-flanc de chêne.

Dehors, il neigeait. Température glaciale. Le soir — je n'avais ni capote, ni manteau — on me jetait deux minces couvertures de coton. On me les retirait à six heures du matin. Comme seule nourriture la ration de pain, et Dieu sait si la tranche était mince ! J'allais oublier, dans un coin de la cellule, une cruche remplie d'eau. Tous les quatre jours seulement — *der gute Tag*, comme ils l'appellent — la gamelle de soupe. Ni livres, ni papier, ni crayons ; d'ailleurs ils auraient été inutiles dans cette obscurité. Tous les quatre jours également — *der gute Tag* — une promenade d'une demi-heure dans la cour de la prison. J'avais faim, très faim. Je connus les tiraillements d'estomac qui font plier le corps en deux. Plus tard, et pendant des mois, je devais tâter à nouveau de ces sensations.

Je crus devenir fou par suite de l'inactivité totale dans le noir glacé. Aujourd'hui encore je revis ces heures affreuses dans mes cauchemars. Quelle heure était-il ? Je n'en savais rien. Pas un bruit. Le gardien ouvrant la porte avec une attitude et des gestes de dompteur pour apporter et retirer les couvertures, pour me jeter mon morceau de pain, rompait seul l'angoisse des heures noires. Quoi faire ? Pas un objet à toucher. La poitrine serrée par le froid, les mâchoires crispées, grelottant à longs frissons des pieds à la tête, jour et nuit je sautais sur place pour me réchauffer, ou je marchais trois pas en avant et trois pas en arrière (afin d'éviter les tournements de tête) et cela pendant des heures, jusqu'à ce que, terrassé par la fatigue et l'énervement, je m'écroulais sur la planche dure du bas-flanc.

Je me vois encore, les yeux à la muraille, essayant de discerner et de compter les grains de plâtre. Pour m'occuper, je délaçais aussi et relaçais mes souliers, je me déshabillais sans cesse, malgré le froid, pour me contraindre à remettre mes vêtements. Ce semblant d'activité me permit de tenir bon. Vraiment! je ne suis pas sensible, j'ai tâté plus tard du bagne, mais je déclare que les plus durs travaux en plein air sont moins pénibles à supporter que l'inaction totale dans le silence, dans le froid et dans la nuit.

Le cachot allemand met un homme valide dans la situation d'un infirme, qui serait à la fois aveugle, sourd et paralytique. Ces secondes, ces minutes, ces heures, ces jours, ces semaines furent pour moi horribles! Mon Dieu! Comme j'ai compris que les hommes sont faits pour vivre et travailler en société! Et pour parler donc!

Un certain quatrième jour, un *guter Tag*, comme je sortais de ma tombe pour la demi-heure de promenade réglementaire, j'entendis des hurlements. Je risquai un œil en coulisse, et je vis un sous-officier allemand pousser un pauvre bougre de *landsturmer* en cellule à grands coups de pied et de poing.

Qu'avez-vous donc à la place du cœur, Allemands, pour vous laisser traiter ainsi en esclaves et rosser ?... De retour dans ma cellule, je vis en pensée, avec intensité, les tableaux du Louvre magnifiant la Révolution française. Qu'ils en sont loin ! Quand donc les rêveurs de chez nous le comprendront-ils ? La cravache, là-bas, est encore le suprême et convainquant argument...

Dans la dernière période de quatre jours, je souffris moins de la faim, grâce aux braves amis qui veillaient sur moi de loin, de l'intérieur du camp. Au cours de ma captivité, j'ai connu deux grandes joies : celle de tenir tête aux Allemands chaque fois que j'étais dans mon droit, et celle d'entrer en contact avec de grands cœurs, dans le cas particulier ceux de mes officiers. En effet, le dernier « bon jour », un camarade m'apporta la soupe tant désirée. En me la tendant, il chuchota : « Attention ! il y a des œufs! » J'entendis dans ma gamelle des chocs évocateurs... Je dus avoir le regard d'un enfant auquel on tend des confitures, un regard convoiteux, brillant. Vite, la porte refermée, je plongeai les dix doigts dans la gamelle et j'en retirai... quatre œufs durs ! Des provisions pour mes trois derniers jours de jeûne ! Je les cachai dans le fond de ma cruche pleine d'eau.

Cette offrande — je le sus peu après — venait d'un officier, d'un capitaine. Ce geste, messieurs les Allemands, vous ne le comprendrez jamais. Je n'étais qu'un simple soldat. Oui, mais le soldat, chez nous, est un homme, et l'officier en est un autre. Si le galon les différencie, le cœur les rapproche. C'est notre force. Et ce sera le secret de notre victoire.

Les dernières minutes de prison durèrent des heures, pendant lesquelles je tournai fébrilement dans ma cage... Un bruit de ferraille ! Les verrous glissent ! Lentement, la lourde porte bardée de fer tourne sur ses gonds. Je suis ébloui par la réverbération du soleil sur la neige...

De l'air pur ! des rires ! une joie immense ! Les amis se pressent autour de moi. Mais la soudaine vision des fils de fer barbelés m'accable et aussitôt l'amer sentiment du ridicule, de l'absurde de cette joie exubérante. Sauter de joie parce qu'on est libre derrière des fils de fer barbelés ! Comme tout est relatif ! Mon rêve de liberté s'évanouit. Sans parler, je dévore ce que les amis m'offrent. Puis dépression...

Quelques jours plus tard, je reçois l'ordre de partir pour un camp d'hommes. ...Quinze mois de cohabitation, de collaboration, de résistance commune, de souffrances communes, d'amitié vraie...

Comme on s'attache quand on souffre ensemble ! Les amis que je laisse, ils connaissaient les miens ; je leur en parlais si souvent ! C'était auprès d'eux que je me réchauffais le cœur. La grande famille que nous formions ! Et il faut soudain se séparer pour aller dans l'inconnu. Mon capitaine et ami de Sainte-Croix m'embrasse comme un père. Pour ne pas être obligé de lui parler, je m'éloigne rapidement, car ma gorge se serre, les

larmes sont au bord des paupières... Mais on n'a pas le droit de pleurer, là-bas. Les Allemands seraient trop heureux de ces larmes de prisonniers !

...AU REVOIR, LES VIEUX !

C'est au camp de Friederichsfeld bei Wesel que je suis conduit, ville de baraquements alignés à perte de vue. J'y arrive à neuf heures du soir, comme le clairon sonne le couvre-feu.

J'ai le plaisir d'apercevoir Dutron. Je cours à lui. Il me confie aussitôt ses craintes : Il va y avoir des représailles.

— Hein ?

— Des représailles... J'ai un tuyau.

— On verra bien.

Les représailles ! L'épouvantail cher aux Allemands ! Leur but : contraindre les prisonniers à se muer en travailleurs. Cette menace est dirigée contre tous ceux qui ont échappé aux corvées à l'extérieur (Kommandos), à savoir contre les sous-officiers, les embusqués (car il y en a, et combien, dans les camps), les blessés, les malades à peu près retapés, les évadés repris.

Beaucoup cèdent devant les menaces, acceptent de « partir en corvée ». Ils sont blâmés par les irréductibles. Méritaient-ils ce blâme, les pauvres hères, traqués durant des mois et des mois, qui

préféraient enfin se mettre à l'abri dans une ferme,
choisir jusqu'à un certain point leur besogne,
plutôt que de se voir traînés une fois ou l'autre
dans les usines ou sur le carreau d'une mine ? Certainement non !

Ce raisonnement assez pratique diminuait donc
sensiblement, dans tous les camps, le nombre des
réfractaires susceptibles d'aller en représailles.

C'est donc cette clientèle de gradés, d'embusqués,
de malades et d'irréductibles qui forme, trois
semaines après mon arrivée, de nombreux petits
groupes dans le camp, où l'on discute et gesticule.
Que dit-on ? A la *Kommandantur* on dresse une
liste de prisonniers, on trie les intellectuels qui partiront incessamment en représailles.

Or, sont « versés » dans les professions libérales
tous ceux qui n'exercent pas, dans la vie civile, un
métier manuel. Les Allemands ont accepté comme
du bon pain les déclarations des prisonniers à leur
arrivée au camp. Comme de juste, et pour des
raisons diverses, chacun a gravi en vitesse quelques échelons de la fameuse échelle sociale. Peu
ou pas d'ouvriers pouvant travailler pour la guerre.
Ebahi, le statisticien pourrait croire que la France
est peuplée, surpeuplée d'étudiants, de professeurs,
d'employés de commerce et d'artistes. Combien de
ténors, diplômés du Conservatoire de Paris, n'ont
plus qu'un filet de voix, irrémédiablement éraillé
par les gaz asphyxiants ! Que de pianistes, inca-

pables de jouer *Au clair de la lune*, content que le froid, les rhumatismes ont pour toujours immobilisé leurs phalanges autrefois si mobiles !

Les Allemands essayèrent en vain de découvrir, parmi tous ces artistes, les ouvriers manuels. Seuls les mineurs furent repérés avec certitude par les médecins allemands, la mine laissant sur le corps des stigmates qu'il est impossible de cacher.

Bientôt, les scribes embusqués à la *Kommandantur* apportent des listes copiées en cachette. On les consulte fièvreusement. Va-t-il falloir maintenant travailler contre la France ? Ça, jamais.

J'éprouve, pourquoi le cacher, une certaine fierté à trouver mon nom dans la colonne des irréductibles transformés en « représaillés ». Quelques-uns, qui pensaient avoir trouvé le définitif « filon », se fâchent, protestent. Cependant, on entend surtout :

— T'en fais pas ! Ils ne nous posséderont pas. Ils auront la graisse, oui, mais la peau et du travail, ça non !

Chacun de courir vers les amis, de leur lancer avec un sourire parfois contraint :

— J'en suis ! Sûr ! C'est cet animal de X (un sous-officier allemand) qui m'a collé sur la liste. Qu'il vienne en France après la guerre... La rosse ! J'y fais son affaire !

En chœur on entonne : On les aura !

On confie à ceux qui restent : « Tu écriras aux

miens que je suis parti, que je m'en fais pas, qu'ils resteront peut-être longtemps sans nouvelles et surtout qu'il faut pas qu'ils s'en fassent... »

On recherche des boussoles, des cartes que l'on recopie à plusieurs exemplaires et que l'on coud dans les vêtements. Bien malin qui trouvera les boussoles ! Qui possède un sac y enfouit sa « fortune », les provisions offertes par les camarades de popote ; qui n'en a pas se débrouille. Se débrouiller ! Le mot du soldat français, un mot que nos gardiens répètent parfois avec une sorte d'ahurissement.

* * *

Il pleut. La nuit vient. Par cinq !... La lampe électrique à bout de bras, un gros feldwebel, connu pour sa haine des Français, nous compte. Avant la guerre il demeurait en France et il ne peut se consoler de savoir « sa bonne maison de gommerce sous sekestre ». Mais en cet instant il tient sa vengeance. Un sourire mauvais pince ses lèvres épaisses. Mécontent de l'alignement, il nous bouscule, nous brutalise, crie des injures. La nuit fournit l'anonymat aux huées du bout de la colonne : « Oh ! la brute, le barbare ! Reviens en France, tu verras ! » Lui ne menace plus. A quoi bon ? Ne serre-t-il pas contre son ventre gonflé par la bière une longue feuille blanche, la liste des *représaillés* ?

— Achtung ! Demain à huit heures. Un tel... un tel...

Oh! cet appel dans la nuit, sous la pluie. On blaguait, mais les cœurs se serraient d'angoisse. Seize mois de vie monotone, d'habitudes prises, de bâillement derrière les fils de fer et soudain un trou, l'inconnu. Quel supplices allaient inventer nos geôliers? Nous pensions : — Si nos familles voyaient ce départ et nos accoutrements !

Nouvelles vociférations du feldwebel.

— Les prisonniers emporteront une couverture, une tenue de linge de rechange. C'est tout! Pas de provisions !

Lecteurs, vous ne pouvez imaginer combien le prisonnier s'attache à son maigre patrimoine, si l'on peut dire, aux réserves péniblement amassées pour les jours de détresse physique et surtout aux lettres, aux souvenirs, aux images des êtres aimés, à tous ces riens froissés, salis, déchirés qui sont tout pour lui, que ses ruses affectueuses ont sauvé de dix fouilles parce qu'il a besoin de ce contact, de ces muets encouragements, de cette chaleur venue de la maison. La maison !

Nos ballots sont à terre. Des mains cherchent, soulèvent, étalent d'humbles cache-nez, triturent des chandails, des chaussettes que la femme, la maman ont tricotés.

« Fous ne sortirez pas du camp avec tous ces pagages ! »

Quoi faire? Vendre ces objets aux camarades qui restent ? Nous avons si peu d'argent ! Il en faudra sans doute, là-bas. Non! on ne vend pas ce que l'amour, l'affection, ont offert, ce qui est un peu du pays, un peu de la famille, ce que l'on a, aux pires moments, pieusement conservé. Petite maman, ce que tu as choisi ponr moi, comme une mère sait choisir pour son fils, je l'ai donné aux amis, aux pauvres bougres privés de tout, tous bons cœurs et braves Français, et je sais que ton sourire m'approuve.

— Au revoir, les vieux ! Bonne chance !

Ils répondent d'une seule voix :

— ... On les aura !

— *Raus !* hurlent nos gardiens exaspérés. Coups de crosse aux traînards, aux camarades qui veulent nous redire courage dans une dernière accolade.

* * *

Fine, grise, insistante, la pluie continue à tomber. Procession lugubre, file interminable. Cahincaha, nous nous ébranlons. Que ce ciel de Westphalie est maussade ! L'eau filtre à travers nos uniformes. Uniformes ? Le mot est inexact... Vestiges d'uniforme, souvenirs des grandes journées, vêtements civils barrés d'une bande rouge ou jaune, bonnets de laine, képis, casquettes de sport, bérets, pélerines, manteaux, capotes, godillots, bottines, souliers-bas... Accoutrement écœurant pour des soldats qui ont offert leur vie ! Et des sacs tyroliens, des havre sacs, de vieilles valises, des caisses de toutes formes gauchement encordées...

On dirait un bagne qui déménage. Au fait, c'est bien ça, ils nous traitent en bagnards et non en soldats.

La longue bande bigarrée, hétéroclite, grotesque, décousue, dépenaillée, zigzague de flaque en flaque, flanquée de « landsturmer » dont les fusils français montrent la baïonnette à dents de scie. Oui, des fusils français ! On ne peut se faire une idée de l'impression pénible que nous avons ressentie quand nous avons vu pour la première fois nos armes maniées par nos ennemis.

Il nous semblait que le Lebel ne pouvait être tenu que par des mains françaises. Et nous le voyons entre les mains de ceux qui ont fusillé des milliers de civils en Belgique, de ceux qui brûlèrent Louvain, Orchies, Termonde, Senlis, tant de villes, tant de bourgs, tant de villages ! Si nous tentons de fuir, c'est *notre* fusil qui nous tuera.

Il pleut. De la boue, de la boue. Le piétinement de tout ce troupeau qu'on immobilise, qu'on presse, qu'on pousse, qu'on menace...

Hélas ! nous sommes des vaincus... Vite, on se ressaisit. Pour mon compte, je me dis, je me répète : Oui, nous, les prisonniers, nous sommes des vaincus, mais les camarades tiennent bon, en France. Ils les auront ! Et puis, si nos corps sont prisonniers, nos cœurs ne le sont pas, ne le seront jamais, jamais !

Des grognements, des chants surtout montaient de la colonne. Des propos alarmistes couraient de rang en rang tués par une blague. Un chant, de nouveau, lancé à pleine voix. Par une instinctive crânerie, nous entendions montrer à nos gardiens qu'ils ne nous « posséderaient » pas, que, quoiqu'il advînt, nous ne demanderions pas grâce. Ne pas se laisser « posséder » ! Il faut avoir été prisonnier, s'être senti environné de haine, piétiner dans la boue en sinistre colonne entourée de baïonnettes, pour comprendre le sens de ces mots : *ne pas se laisser posséder*. Les Allemands dominaient leurs prisonniers par la force matérielle, par la menace des baïonnettes et des mitrailleuses. Mais les prisonniers français dominaient leurs gardiens par leur volonté, leur moral, leur confiance, leur esprit...

Non ! ils ne nous *posséderont* pas !

* * *

Pêle-mêle, dans la nuit toujours, nous montons dans des vagons à bestiaux non aménagés, fermés à clef sitôt qu'ils ont reçu leur plein de chair humaine. *Hommes : trente-six*, dit l'inscription, mais pour les représaillés, quarante-cinq. Un choc, un mouvement de houle. Des camarades trébuchent, d'autres tombent. Et un loustic « parigot » de s'écrier :

— Ah ! mais-z-oui, les veaux, les vaches, ils ont quat'pattes... C'est pour ça qu'ils tiennent debout là n'dans !

Nous voilà partis pour une destination inconnue. Dans l'obscurité on fait connaissance avec les camarades inconnus car le classement a été établi par lettres alphabétiques. Les suppositions vont leur train. Les boussoles lumineuses sortent bientôt de leurs cachettes. Nous filons vers l'ouest, vers le front français, peut-être... Cris, chants, blagues, lazzis à l'adresse de nos gardiens qui, de l'extérieur, pendant les arrêts, pour nous narguer, frappent à grands coups de crosse contre les parois du vagon. Les loustics ripostent en hurlant : Et ta sœur !... Rires formidables. Les pas des gardiens s'éloignent sur le macadam du quai....

Et c'est toujours ainsi. Quand un soldat français et un soldat allemand dialoguent, l'Allemand attaque violemment. Verdun kapout ! Paris kapout ! France kapout ! Anglais kapout ! Le loustic répond par une radieuse insolence, des boutades. Cette crâne bonne humeur démonte l'Allemand, inférieur au jeu, qui gagne le large sans demander son reste ou encore se fâche et frappe.

...*Raus !* lancent soudain des voix rauques. Les portes des vagons glissent. Devant nous, sous de lourds nuages qui traînent, à perte de vue des marécages. Seul, un officier allemand anime cette solitude. Il est grand, il est gros. Son allure, son attitude sont celles d'un marchand de cochons influent. Autour de lui, nos gardiens font claquer leurs bottes ferrées. Sans perdre une seconde, l'officier tonitrue en propriétaire d'esclaves :

— Vite !... En cergle autour de moi !...

Nous obéissons silencieusement, détaillant de l'œil notre nouveau dompteur : Il est effrayant avec ses yeux énormes aux paupières rouges, sa face bouffie, couperosée. Sa tunique serrée contient mal des chairs débordantes. Soudain, le voici qui débite avec une volubilité étonnante un discours appris par cœur dont il ponctue les mots du poing :

— Messieurs ! (« Trop poli pour être honnête ! » observe un camarade). Vous fenez tous ici, vous chens des professions libérales, chens de condition, pour travailler d'un dur travail dans les marais, dans la vase humide, sous le dur glimat de la Westphalie... Nous sommes obligés de vous amener dans ces mauvais lieux parce que votre gouvernement français envoie nos prisonniers (et nos prisonniers sont tous des chens civilisés, instruits, bien cultivés) travailler au Maroc, en Algérie, sous le dur glimat de l'Afrique où ils sont gardés par des nègres noirs (sic). Ecrivez à vos familles, à vos amis respectables, à vos préfets, à vos bourgmestres, de faire sortir nos pauvres Allemands du Maroc, de les ramener dans le bon glimat de la France et vous rentrerez dans vos camps ! »

L'expression de nègre noir a soulevé des rires étouffés. L'officier se cambre, devient cramoisi, nous traite brusquement de « Schweinhunde » (chiens de cochons).

Ce souhait de bienvenue terminé, marche dans la boue, dans les ornières, sur les digues vaseuses

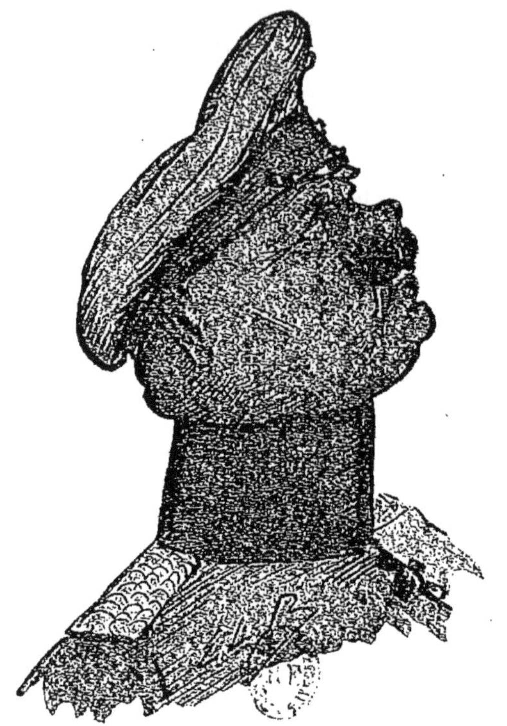

des marais. Pour tout le monde, ou presque, c'est la première « promenade » après seize mois de séjour dans un espace restreint. La marche est extrêmement pénible. Des camarades tombent que les gardiens relèvent à coups de botte. Soudain, les têtes baissées se lèvent à ce cri :

— Les v'là !

— Quoi ?

— Les barbelés, tiens !

Certes ! Nous devons être « chez nous ». Ah ! ces ronces rouillées, ces barbelés, crispante vision ! N'importe où, vous levez les yeux : ils sont là, implacables hâchures tendues sur l'horizon, toile d'araignée dont nous sommes les moucherons. Barbelés menaçants, énervants ! Obsession démoralisante dont la Faculté a reconnu les pernicieux effets sur le système nerveux : la psychose du fil de fer !

DANS LE PAYS DE WESTPHALIE...

Nous sommes en pleins marais, loin de toute habitation, loin de tout ce qui évoque la vie. Dans l'enceinte, des sortes de taupinières. Pas de baraques émergeant du sol. Dans la terre saturée d'eau des abris souterrains ont été creusés par des prisonniers russes. Une seule lampe éclaire chaque caveau où l'on nous entasse par groupes de cent. Tout est mouillé, visqueux, moisi. L'eau, goutte à goutte, suinte, coule le long des madriers qui soutiennent la terre.

— Recommandé aux rhumatisants !... jette un farceur.

— On se croirait à Panam ! On va appeler ça : « Le caveau des Innocents ». Mais ils ont oublié les femmes ! piaille un parigot de sa voix de « fortif ».

Aucun médecin ne nous ayant visités, comme d'autre part on avait « ramassé » les soi-disant « intellectuels » dont il fallait à tout prix un certain nombre, notre convoi comptait des tuberculeux, des blessés aux plaies ouvertes ou mal cicatrisées, des boiteux, des malades de toutes les catégories.

Je me rappelle qu'il y avait près de moi un très jeune chasseur alpin pris lors des fameuses attaques de Verdun. Un éclat d'obus lui avait fait une blessure profonde dans le dos. Cette blessure suppurait encore. Le pauvre gas ne pouvait s'étendre pour se reposer. Il fut pourtant contraint au travail.

Bien vite le bagne fut en pleine activité. Cela dura un mois et demi.

Occupés à des travaux de desséchement, dans l'eau jusqu'à mi-jambes, nous avions reçu l'ordre de remuer la vase à raison de dix heures par jour.

Travailler ! travailler ! tel était le mot que nos gardiens nous hurlaient sans cesse. *Los ! Los ! Arbeiten !* Ils avaient également la consigne de frapper ceux qui, à bout de forces, s'appuyaient une seconde sur leur pelle. Pour les motifs les plus futiles, la crosse entrait en jeu. La férocité, les constants grognements de ces chiens de garde s'expliquaient par le fait qu'ils nous rendaient responsables de leur station prolongée dans ces lieux dépourvus de charme. C'était donc nous les coupables ! De plus, cette attitude à notre égard leur assurait de bonnes notes de leurs chefs.

J'avoue que ces gardiens marquaient assez mal sous la permanente bourrasque, lamentablement plantés sur les digues boueuses d'où ils ne sautaient à l'eau que pour nous assaillir. Les plus réfractaires au bain de pied se bornaient à nous couvrir d'injures. Les termes de *Schweinhunde* et de *Saubande* en formaient la trame solide. Du sein des marécages, les camarades répondaient de leur mieux, en mots d'argot vifs, prestes, désopilants. Ces échanges d'aménités en ce lieu, dans ces conditions, prenaient quelque chose d'homérique. Nos propos, nos sous-entendus, nos scies, nos lazzis, demeuraient heureusement pour nos Teutons autant d'insondables énigmes.

La pluie ne cessa pas durant nos six semaines de «séjour» dans le marais. Qu'elle tombât en bruine ou à torrents, nous faisions nos dix heures par jour, les pieds dans l'eau, percés jusqu'à la peau, transis. Après quoi, en colonne, fourbus, abrutis, les mâchoires claquantes, nous regagnions le camp. Ces retours dans la nuit, dans la boue, avec la perspective de grelotter plus fort au fond des caveaux, avaient quelque chose de lugubre. J'en garderai l'éternel souvenir. L'un après l'autre, boueux, infects, vrais spectres, nous descendions dans les tanières où nous attendait une claire soupe d'orge.

Bientôt nous nous laissions tomber sur les bruyères moisies, mettant toute notre volonté à dormir enveloppés du suaire de l'humide obscurité. Suaire est le seul mot juste, car nous avons eu, là-bas, comme disait mon ami Duhaut « une répétition générale de la tombe». Oh ! ces nuits ! ces toux profondes, déchirantes, ces courts moments de gros silence ponctués par le lancinant tac, tac, tac, des gouttes d'eau. Exil, dénuement total, affreux sentiment d'impuissance, de déchéance, de graduel enlizement dans cette boue liquide. Tout, tout, mais pas mourir ici !

Et nous nous cramponnions à nous-mêmes, cherchant dans notre cœur révolté, dans l'indignité du traitement qui nous était infligé, une raison de tenir, la volonté qui sauve. Si du moins nous avions su la longueur de l'ignoble châtiment... Alors on pourrait dire : samedi, dimanche, ce sera fini ! L'esprit est alors au repos, l'espoir grandit. On touche au but, on y est... Mais ne rien savoir ! Se traîner d'un jour à un autre jour, patauger dans la même vase, écouter en frissonnant les mêmes toux, le même chantonnement des gouttes d'eau, s'imaginer que cela pourra durer des mois, des années, qu'on y laissera sûrement sa peau, qu'on vous descendra pour toujours dans cette vase détestée d'une terre hostile, c'est ça le plus horrible parce que c'est comme une lente asphyxie, une progressive noyade...

Oui, ce fut long. Et pas d'ouvriers pouvant travailler pour nous : pas de tailleurs, pas de cordonniers, pas de magasin d'habillement. Nous ne pouvions compter que sur le contenu de nos maigres baluchons d'où nous ne tirions que des hardes moisies, humides. Néanmoins, nous tenions avec courage. La résistance étant l'âme de la vie du prisonnier, le sabotage atteignit des proportions magnifiques.

Comme par enchantement, les boyaux creusés s'effondrent, les bêches disparaissent jusqu'au haut du manche dans la vase où elles sont encore selon toute vraisemblance. Sujet d'étonnement et de savants travaux pour les prospecteurs teutons des siècles futurs...

Malgré la faim qui nous tenaillait (les paquets n'arrivèrent que les tout derniers jours), malgré l'humidité, les douleurs dans les articulations, nous devions bien souvent regretter plus tard, au cours de nouvelles représailles, ce coin peu hospitalier. De plus grandes souffrances nous étaient réservées.

* * *

Un jour, une nouvelle liste fut dressée comprenant la moitié du contingent, à savoir les plus saboteurs et naturellement ceux qui avaient refusé tout travail. Sans tarder, départ pour une destination inconnue. A remarquer que la destination des représaillés est toujours inconnue, car on ne nous tourmentera jamais assez. Nos « maîtres » veulent nous asservir et tous les moyens leur sont bons pour obtenir le résultat désiré. Un soldat allemand qui se vantait de connaître à fond la littérature française nous dit un jour :

— Vous serez bientôt des dociles. Nous ferons *(sic)* les moyens, nous en avons des affreux. Nous ne reculerons devant aucun. Comme disait un de vos anciens ministres (1) « la fin justifie les moyens ».

Changement de gardiens. Les nouveaux ont l'air hagard, affolé. La raison ? Un grand lieutenant surgit qui jure, tempête et frappe sans distinction Allemands et Français. Entre temps il jette aux sentinelles :

— Frappez-les donc s'ils n'obéissent pas lestement ! Chargez vos armes. A la moindre observation tirez dans ce tas de cochons...

Ce lieutenant (choisi sans doute entre cent pour le métier de garde-chiourme) est le type parfait du hobereau prussien, orgueilleux, méprisant, haineux, barricadé dans sa caste, socle de l'empire... Oeil bilieux, bouche insolente, joues balafrées, tête poussée haut par un col qui pénètre dans les maxillaires ; torse sanglé, cambré, donnant à cet homme de guerre une apparence équivoque pour ne rien dire de plus... Les deux mains du « Herr Leutnant » sont sans cesse occupées, l'une à brandir une cravache plombée, l'autre à caresser la crosse d'un révolver.

Soudain, sans raison plausible, du poing, le « gentilhomme » frappe un colonial qui crie :

— Attends, va... on te calmera bien, toi aussi...

L'officier bondit, la cravache haute. Plus leste qu'un écureuil, le colonial se mêle à ses camarades, change de veste, de couvre-chef et demeure introuvable.

Puis c'est un long, un interminable voyage, tonjours dans des vagons de marchandises non aménagés.

DE ÇI, DE LA...

Nous débarquons à la gare de Darmstadt. Le camp est fort éloigné et la chaleur du premier printemps accablante. En route, les sentinelles ne tirent pas, malgré l'ordre donné, mais sont d'une extrême brutalité qu'explique en partie le désir de se faire bien noter du chef pour n'être pas envoyé sur le front. Aucun arrêt. Sous un soleil de plomb, dans l'épaisse et aveuglante poussière, malgré les coups qui pleuvent, la colonne s'allonge toujours davantage, laissant des traînards, dont quelques-uns tombent d'épuisement en travers de la route car on n'est plus habitué à marcher ; les jambes, après six semaines de régime aquatique, sont gonflées, tuméfiées, affaiblies aussi par l'insuffisante alimentation. Les hommes tombés sont remis sur pied à coups de crosse et de botte dans les reins. Des femmes, des enfants, qui travaillent dans la forêt, touchés de pitié, veulent aider de vieux territoriaux contraints de jeter leur bagage au fossé pour continuer leur route. Furieux, déchaîné, l'officier repousse ces bons samaritains, insulte, menace de sa cravache.

Clopin-clopant, les traînards sont obligés de rejoindre. Bientôt, épuisé par cet effort, un territorial à barbe grisonnante (du 1er d'artillerie de Maubeuge) s'effondre sans connaissance sur le rebord de la route. Quelques camarades l'empoignent, le soulèvent, le jettent sur une voiture de fumier qui va dans notre direction. Compatissant, le conducteur dissimule le corps inerte sous une bâche. L'officier n'ayant heureusement rien vu, les sentinelles n'interviennent pas... Haletante, la colonne réclame une halte et obtient des coups. Alors, exténués, les pieds couverts d'ampoules, un à un les prisonniers abandonnent sacs et paquets qui restent, taches noires sur la route blanche. Ils n'y demeurèrent du reste pas longtemps. Butin de guerre !... Nous n'en entendîmes plus jamais parler.

La fin de cette randonnée se perd pour moi dans un souvenir d'intense douleur physique. En pensée, je revoyais la retraite du début de septembre 1914, avant la Marne, des hommes, des femmes, des vieillards, éreintés, couchés sur les talus de la route, soudain debout, dans un suprême effort, à la vue des avant-gardes allemandes, se hâtant, les pieds en sang, vers le nuage de poussiére que soulevait la retraite des nôtres... Dépasser la limite des forces humaines, tout, plutôt que de tomber aux mains de l'ennemi ! Je revoyais surtout un vieillard, déchaussé, dont les pieds étaient comme entourés d'une croûte de poussière sanglante et qui cheminait au creux d'un fossé. Je me disais alors qu'on ne pouvait imaginer plus lamentable spectacle de détresse physique.

Et voici que nous vivons une heure semblable. Sous les coups et les menaces se tenir debout est un problème. Pour mon compte, hébeté, la tête congestionnée, les pieds cuits, à la fois brûlant de fièvre et secoué de frissons glacés, affaibli au point que je ne me relèverai pas si je tombe, je surveille ma marche, j'assemble et concentre tout ce qui me reste de volonté. Et je me dis, à chaque pas, suggestionné, comme fou : Maintenant lève le pied gauche... Maintenant lève le pied droit... Surtout garde ton équilibre... Raidis-toi... Tiens bon jusqu'au prochain poteau télégraphique... Jusqu'au suivant encore...

Au moins, en septembre 1914, nos soldats avaient l'espoir d'un retour offensif. Le fracas de l'artillerie galvanisait leur courage. Ils sentaient les leurs tout proches. C'était la bataille ! Mais ici nous n'étions plus qu'un lamentable troupeau de forçats, de bagnards entourés de baïonnettes et d'injures, foulant une route maudite, loin du pays, loin de tout secours, traînés d'une inutile souffrance à une autre souffrance que nous pressentions pire. Et sur son tas de fumier, sous sa bache, le réserviste à barbe grisonnante... Heure de déchéance totale ! Et pourtant, chevillée au cœur, la volonté de *crever*, il n'y a pas d'autre mot, plutôt que de crier grâce...

* * *

...Après cela, plusieurs jours de dépression, d'anéantissement.

On en profite pour multiplier les appels inutiles, les interminables formalités d'immatriculation. Nous connaissons le *drill* dans toute son horreur. Enfin, on nous enlève nos vêtements, pièce à pièce, qu'on nous rend quelques jours plus tard, vestes et capotes ornées de larges brassards blancs portant de hautes initiales énigmatiques Fr. K. VI. (Nous sûmes plus tard que ces initiales étaient celles des mots: Franzosen-Kommando VI.)

* * *

Nouveau voyage.

Cassel, le camp de la mort. Quand l'épidémie de typhus s'y déclara, comme par enchantement les Allemands disparurent, portant le cordon de sentinelles à une certaine distance à l'extérieur. Aucun médecin allemand ne vint au secours de nos pauvres camarades. Des survivants, encore rongés de furonculose, nous firent d'affreux récits. tous concordants, d'une sincérité dont l'horreur qui se lisait dans les yeux était garante... La porte du camp ne s'entr'ouvrait le matin que pour laisser passer les légumes constituant la nourriture. Et les décès succédaient aux décès. Les cadavres, laissés parfois des jours sans sépulture, constituaient de nouveaux foyers d'infection. On en trouvait

dans les baraques, dans les cabinets où s'étaient
traînés les moribonds... Les gouvernements alliés
connurent cette abominable situation, envoyèrent
des médecins qui réussirent, après des mois d'efforts, à enrayer l'épidémie. Cassel ! Quel souvenir !

De nos baraquements disposés au flanc d'une
colline dénudée, nous pouvions voir, émergeant
de la verdure, les tours du château de Wilhelms-
höhe où Napoléon III fut enfermé après le désastre
de Sedan. En sortant du camp, nous découvrions,
et nous ne pouvions en détacher nos yeux, le cimetière où dormaient des milliers de nos camarades,
une forêt de croix noires qui se profilaient jusqu'à
l'horizon. Quelle douleur ! Combien de familles
françaises viendront après la guerre pleurer sur ce
champ de la désolation ?... Quel pèlerinage !... Il
nous semblait les voir, ces milliers de camarades,
couchés côte à côte, les mains jointes, leurs pauvres bouches ouvertes par le travail de la mort
criant vengeance...

Cassel restera pour l'Allemagne une honte éternelle [1].

[1] On peut lire, p. 61 et 62 du livre *Le Régime des prisonniers
de guerre en France et en Allemagne*, Paris, Imprimerie nationale, 1916, les lignes suivantes:
A Cassel-Niederzwehren, en avril et mai 1915, les médecins
passent dans les baraques pleines de typhiques sans jeter un
coup d'œil sur les malades... « Je n'oublierai jamais, dit dans
son rapport le Docteur C. rapatrié en juillet 1915, le décou-
ragement affreux et la profonde pitié dont je fus saisi le jour
où je fus chargé de faire la visite à la baraque de la 19e compagnie, transformée en lazaret d'isolement de fortune, et dans
laquelle gisaient lamentablement plusieurs centaines de soldats français atteints de typhus. dont beaucoup étaient à l'ago-

* * *

Il pleut de nouveau. Le camp est un véritable cloaque. Nous «touchons» des chaussures. Ordre de diminuer encore ce qui nous reste de bagages, car nous aurons de longues marches à fournir.

L'officier qui commande notre compagnie pendant notre séjour au camp de Cassel mérite une mention. Je me suis juré en prenant la plume de ne dire que la vérité toute nue. Ce que je vais écrire ne me coûte point, car c'est une joie pour un soldat de rendre hommage à un ennemi qui, tout en faisant respecter la discipline, strictement, sans faiblesse, laisse voir néanmoins qu'un cœur d'homme bat dans sa poitrine. Cet officier à cheveux blancs, qui boîtait assez bas, était un blessé et un prisonnier de la guerre de 1870. Souvent il nous adressa des paroles de bonté vraie. Il me dit une fois combien il avait été bien traité durant sa captivité en France, qu'il souhaitait nous rendre la pareille, qu'il se mettait à notre place et vivait nos sentiments. A ces souvenirs une émotion faisait trembler sa voix. Ce vieil officier gagna la sympathie étonnée de tous les Français qui le saluaient avec respect.

nie. L'encombrement était tel que je devais enjamber des moribonds couchés à terre, souvent souillés de leurs déjections.»... Les médecins français rapatriés s'accordent à évaluer le nombre des cas de typhus à 10 000 pour Cassel-Niederzwehren, celui des morts à 2000 et plus.

AU PAYS DES MOUSTIQUES

Le jour vint, enfin, où l'on nous embarqua dans un train qui n'en finissait pas. Chaque jour, depuis un mois, un train pareil emportait des prisonniers nul ne savait où. Une fois encore, nous voici entassés dans des vagons à bestiaux non aménagés, à raison de quarante-cinq par vagon. Un coup de sifflet... *Abfahrt !*...

Un voyage dans des conditions pareilles, ça nous connaît maintenant... Vite, je creuse avec mon couteau un trou dans la paroi du vagon et je vois le déroulement du paysage... Boussoles lumineuses. Nous filons vers l'est. Vers le front russe, peut-être?... La faim se fait sentir après quelques heures. A tâtons, nous nous passons nos dernières réserves, peu de chose...

La nuit. Puis le jour qui filtre par les interstices du vagon. Malgré nos appels, notre cage reste fermée. On essaie de se coucher, jambes emmêlées. Nouveaux cris: Ouvrez! Comme réponse, des coups de crosse contre la porte, des insultes, des rires d'ivrognes. Alors nous chantons pendant des heures et des heures. Tout le répertoire défile... «Flotte, petit drapeau», «Le rêve passe», «La

marche Lorraine», etc. Les autres vagons **repren-**
nent en chœur. Les sentinelles frappent à coups
redoublés sur les parois du vagon à tous les arrêts. Dans une gare que le grouillement de la foule
nous révèle importante, la Marseillaise est chantée
dans tout le train à un diapason forcené. Par mon
petit trou je vois nos gardiens et la population,
bouches bées, vraiment confondus par notre en-
train.

Deuxième nuit dans la cage. Le jour. Voici Thorn,
puis les entonnoirs des obus russes. Pendant toute
la journée j'aperçois les maisons démolies par la
bataille. Je dois avouer que, talonné par la faim,
respirant un air vicié, je suis heureux de contem-
pler ces ruines. Les Prussiens, qui ont voulu et
déchaîné cette guerre, savent donc ce qu'il en
coûte, et chez eux !

Puis défilent les innombrables tombes des Allemands et des Russes, celles de ces derniers, à la
croix souvent couronnée d'une casquette, visiblement à l'abandon. Des tombes, il y en a jusqu'au
bord de la voie. Comme nous nous arrêtons souvent, je peux même lire, ici ou là : *Ein russischer
Soldat*, ou bien : *Hier ruht ein deutscher Held*. Des
croix, encore des croix sur des dizaines de kilomètres...

* * *

Une nouvelle nuit. Malgré la faim qui nous
mord, nous essayons de dormir. Soudain, les por-

tes glissent sur leurs glissoires. *Raus !...* Brisés de fatigue, ankylosés, endoloris des pieds à la tête, nous nous laissons tomber sur le ballast. Autant

que la nuit fort sombre permet de nous en rendre compte, il nous semble que nous sommes en rase campagne. Seule, une lumière brille à quelques centaines de mètres. Longue attente. Nos sentinelles nous poussent enfin dans la direction de cette lumière clignotante. Une baraque, de grandes chaudières éclairées par une lampe. Plusieurs femmes, armées d'énormes louches, nous distribuent un liquide fumant dans lequel flottent des nouilles. Enfin, nous allons pouvoir tromper notre faim ! Aussitôt servis, on nous pousse de nouveau dans le noir, vers nos vagons, chacun serrant sa gamelle sur sa poitrine. Jeu d'adresse, prodiges d'un équilibre difficile à conserver. Car chacun entend bien extraire intact son trésor de la bagarre. La faim stimulant notre ingéniosité, nous sauvons presque tous nos nouilles brûlantes.

Et nous voilà de nouveau entassés dans le vagon. Le train repart. Vous représentez-vous la cage obscure où quarante-cinq hommes, ballottés par les secousses, jetés les uns sur les autres, protègent de leur mieux leur gamelle de nouilles, « engueulent » l'inconnu qui verse au petit hasard le liquide bouillant sur les voisins, tandis que les plus affamés, à genoux dans les coins, barbotent et se hâtent pour être sûrs de tout absorber ? Scène terrible et ridicule, au point qu'une voix crie soudain, avec l'accent du faubourg : « Demandez le supplice des nouilles teutonnes !... » C'en est trop. Le comique, on le sait, naît souvent de l'excès du tragique. Un rire énorme fuse soudain dans l'obscurité, un rire convulsif qui secoue les précieuses gamelles et nous fait oublier un instant notre misère. Le repas s'achève vaille que vaille.

... Il en fallait, de l'appétit ! Le vagon dégageait

en effet une odeur infecte. Pendant cet interminable voyage, nous avions été obligés de satisfaire nos besoins à l'intérieur de notre domicile. N'insistons pas !

* * *

Nous sommes au milieu des fameux lacs Mazuriques. Aussitôt, par les fentes du vagon, par les moindres ouvertures, les moustiques envahissent notre triste habitacle. Ils se faufilent par centaines. Les moustiques ! Désormais, pour de longs mois, notre plus affreux cauchemar !

... A deux heures du matin, les portes de notre cachot s'ouvrent enfin. Est-ce pour un nouveau repas ? Affamés que nous sommes, c'est notre seule pensée, notre seul espoir. Non, nous ne devions manger que le soir, au terme de notre voyage de soixante-treize heures, en gare de Blizna.

A la lueur des lanternes, je regarde mes camarades. Décrire notre état, nos teints jaunes, nos barbes semées au creux des joues, nos paupières rougies, nos démarches de matelots en goguette, car nous sommes positivement ivres de fatigue et d'énervement, est quelque chose d'impossible !... Les mots ne sont que des mots.

A peine débarqués, marche à tâtons sur un sol marécageux où la trace de nos pas se remplit aussitôt d'une eau vaseuse. Un nuage strident de moustiques nous enveloppe, nous accompagne.

Nous tentons un semblant de résistance, mais ils sont trop et nous piquent partout. Brûlures, démangeaisons, enflures... Soudain une lumière, des barbelés surtout, qui tiennent lieu d'enseigne. Quand nous en voyons, nous nous savons *at home*. Des abris souterrains, quelques planches plus ou moins pourries sur le sol en guise de lits, point de paillasses, point de paille. Brisés, trop hébétés pour protester, nous nous étendons les uns contre les autres, la tête posée sur nos baluchons.

La baraque (car les Allemands ont l'audace d'appeler ces caveaux des baraques) est, elle aussi, infestée de moustiques. Nous nous cachons de notre mieux sous nos couvertures pour fuir le dard de ces sournois ennemis. Mais sous ces couvertures, un autre ennemi nous guette, qui attaque sans tarder. Le sol, en effet, grouille de puces. Elles envahissent nos vêtements, choisissent leur place et piquent à leur tour. Quel supplice que cette première nuit en Pologne russe ! Malgré nos soixante-treize heures de cahots, pas un de nous ne peut dormir. On se secoue, on se lève, on se recouche, on gémit, on demeure enfin immobile, s'offrant en vivante pâture aux bestioles qui, par centaines, courent sur nos corps.

* * *

Par la suite, nous finirons par nous habituer aux puces, aux poux et autres infiniment petits.

Nous nous livrions à eux, les couvertures ramenées sur la figure, de deux maux choisissant le moindre. Mais pas un de nous ne s'habitua aux mous-

tiques, création du diable. Les yeux clos, au hasard, nous pouvions fermer brusquement la main : nous en avions à coup sûr capturé quelques-uns. Vainement nous réclamons des moustiquaires. Seuls nos gardiens en portent. Cet intolérable et toujours renouvelé supplice durera des semaines, des mois, cinq mois ! Nos figures se tuméfient, grattées des dix doigts. Comment y tenir ? Elles saignent. Nous avons tous la fièvre.

Cauchemar des moustiques ! Cauchemar lancinant, continuel, qui me poursuit encore pendant que je trace ces lignes ! Les moustiques de la forêt de Blizna !...

Blizna !... Lieu de désolation !... Situé dans une éclaircie de la forêt, à quelques centaines de mètres du lac dans lequel pourrissent des cadavres de chevaux, tout près de l'ancien front où, pendant des mois, les Russes repoussèrent les assauts allemands. Çà et là, quelques tombes de soldats russes entretenues par la population... Puis, groupées en petits cimetières, un peu partout, des tombes allemandes. Au bord de la noire et haute forêt, quelques huttes couvertes de chaume...

De temps en temps, quelques femmes polonaises s'approchent avec des airs de bêtes traquées, nous jettent par dessus les barbelés un morceau dc pain noir que nous nous disputons. Elles s'enfuient, rapides, car les Allemands, dès qu'ils peuvent les atteindre, les frappent à coups de bâton.

* * *

Onze heures de travail par jour, ou onze heures par nuit : abatage et transport d'arbres. Comme nous sommes tous inexpérimentés, donc maladroits dans le maniement de la hache, de la scie, les accidents sont nombreux. Pour nous stimuler, coups de crosse et coups de bâton, et surtout un régime alimentaire qui mérite d'être détaillé :

Matin : café (une infusion de marrons d'Inde torréfiés).

Midi : Une mince tranche de pain KK, une

soupe composée d'eau (surtout !), d'orge ou de betteraves, ou encore d'un mélange d'œufs de poissons ou de pruneaux.

Le soir : Infusion de marrons d'Inde.

Une certaine fois, à l'occasion de la Pentecôte, les Allemands nous annoncent que la soupe sera meilleure. En effet ! Nous en garderons longtemps le souvenir. Elle était composée d'eau, de harengs et de pruneaux !

Telle est pourtant notre faim que nous nous ruons littéralement sur nos gamelles, ayant compté durant toute la matinée les heures, puis les minutes qui nous séparent de ce bienheureux moment. Car l'estomac ne se laisse pas oublier un seul instant : douleur sourde, tiraillements, malaise général... Des vapeurs chaudes, puis froides, nous traversent le corps.

Donc, de midi à midi, même pour ceux qui travaillent la nuit, aucune nourriture solide ou relativement solide. L'eau chaude ou tiède baptisée pompeusement du nom de café, et qu'on nous dispense chichement chaque matin et soir, chatouille simplement l'estomac, le trompe un instant, après quoi les tiraillements reprennent de plus belle.

Cela tourne vite à la fringale. Pour la calmer, nous mâchons les épluchures des betteraves, de l'herbe, nous arrivons même à en faire cuire dans de l'eau, ce qui donne une décoction de couleur douteuse et de goût bizarre. Mais il faut se cacher pour cela, car il nous est sévèrement interdit de faire du feu.

* * *

Vivre cinq mois accompagné par la faim ! Manger assez pour se tenir debout, pour végéter, mais pas assez pour chasser le malaise qui vous noue les intestins, vous contraint à mâcher à vide ! Se réveiller la nuit entouré de moustiques, chercher autour de soi, des dix doigts, dans un demi-sommeil, une croûte de pain au fond de sa musette, n'importe quoi, pourvu que les dents puissent mordre dedans et l'estomac accepter ; se mettre enfin sur son séant, songer qu'il est minuit, qu'il faudra attendre douze heures encore avant qu'apparaissent betteraves et œufs de poissons! Et vivement plonger sous les couvertures, car les moustiques tourbillonnent... Et ne pas savoir quand ce supplice prendra fin !... Je l'ai déjà noté, mais j'y reviens encore : l'ignorance de la longueur d'une peïne, de la durée d'un châtiment, fait souffrir presque autant que le châtiment lui-même. Souffrance purement morale, d'autant plus profonde. Rien ne fixe vos idées, ne borne vos révoltes... Au propre et au figuré, nous pataugeons dans un marécage sans bords...

Instinctivement, notre imagination reconstituait nos menus du temps de paix. Cruel passe-temps, supplice de Tantale, auquel la faim nous contraignait, quoi que tentât la volonté pour chasser ces visions que notre situation rendait malfaisantes...

Soudain un camarade se levait, une lueur dans les yeux, s'écriait pour redonner espoir à ses voisins qui, « cafareux », se lamentaient :

— Pensez donc, les vieux, quand on en sortira...

— Tu penses en sortir, toi ? Tu les connais donc pas les Boches ? interrompait un pauvre père de famille.

— Tais-toi, t'as le cafard !... Ecoute. Une nappe, des fleurs dans un vase, le pain blanc. Hors d'œuvre, petits radis roses, sardines et beurre frais, olives...

— Assez ! assez ! criait le chœur.

Et nous rêvions de viandes succulentes, de lard surtout, car notre organisme exigeait impérieusement des matières grasses. Oui, c'est entre cent plats ce que nous aurions choisi. Du lard !

— ... *Aufstehen ! Raus !...*

Puces, moustiques, odeurs fétides, quel réveil ! Et la voix hurlait, plus menaçante : ...*Raus !...*

Deux mois environ avant la fin de nos représailles en ce coin maudit, on nous annonça des colis. Enfin !... Enthousiasme, délire. La salive nous en venait à la bouche. Nous allions pouvoir *manger...*

Ami lecteur, avant de blâmer notre matérialisme, songe que tu t'installes trois fois par jour devant une table bien garnie, que tu savoures ta tasse de café, fumes un cigare, ignores puces et moustiques, ne manies pas la hache onze heures d'affilée. Sois indulgent !...

Donc, enthousiasme, délire... On demande une corvée pour aller chercher les paquets à la gare. Tout le monde se précipite. Cependant, comme des chevaux font le service du camp et qu'il s'agit de centaines de colis, nous sollicitons le prêt d'un quadrupède. On nous le refuse... Tant pis ! La faim stimulant les énergies, nous nous attelons à une vieille guimbarde et poussons de toutes les forces qui nous restent. Les roues s'enfoncent dans la vase. Pâles de fatigue, car nous en sommes au point où l'exercice pâlit le visage, nous parvenons à la gare.

— Voici le vagon ! nous dit le chef.

Il ouvre la porte... Horreur ! Une odeur infecte empeste l'air... Nous nous regardons, consternés... Tout est pêle-mêle, moisi, pourri... Un tas d'ordures ! Par ordre, nos colis avaient été saccagés, les boîtes de conserves éventrées et cela depuis un nombre de jours tel que leur contenu était en complet état de putréfaction.

Ne donnons pas aux Allemands, même maintenant, la joie d'analyser notre désespoir. Pour expliquer ces inutiles cruautés il suffira, pensons-nous, de traduire une circulaire de Berlin dont nous pûmes obtenir le texte par des moyens qu'il est inutile de dévoiler ici.

RÉGIME DES PRISONNIERS EN REPRÉSAILLES A BLIZNA

Aucun confort ne sera toléré, spécialement en ce qui concerne la nourriture et les soins de propreté. Il ne sera laissé aux prisonniers qu'un morceau de savon de dimensions aussi réduites que possible. Il est expressément défendu qu'ils soient couchés sur autre chose que sur du bois. Les sacs de couchage et tout ce qui pourrait servir de coussins seront confisqués. Dans les cantonnements sera retiré tout ce qui pourrait servir de table, de chaise, y compris les petits meubles fabriqués par les prisonniers eux-mêmes.

Une cuiller pour trois hommes. De même, un plat à manger pour trois. Les prisonniers ne doivent posséder ni bidons, ni bouteilles, ni quarts, ni aucun récipient pour le liquide. Il est prévu un litre d'eau par homme et par jour pour tous les usages.

Il est expressément ordonné de laisser ignorer aux prisonniers pour quelles raisons ils sont en représailles et pour quelle durée.

Il ne sera toléré aucun rapport entre les sentinelles et les prisonniers. Parmi ces derniers, les plus haut gradés seront punis de préférence. Trois sortes de punitions : le conseil de guerre, le poteau par fractions de deux heures, et la prison pour six jours. Les prisonniers seront attachés au poteau chaque bras ramené en arrière, les mains écartées et plus haut que la tête, le corps penché en avant, les pieds ne reposant pas sur le sol. Le travail devant passer avant toute autre considération, la peine du poteau sera infligée de préférence à la prison, punition exceptionnelle.

A moins de 39° de fièvre, pas de visite médicale et pas d'exemption.

Les prisonniers ne posséderont qu'une seule veste, qu'un seul pantalon, deux chemises et un manteau. Les caleçons, gilets de flanelle, bretelles, ceintures de flanelle et tous vêtements divers seront retirés. Les bretelles et ceintures ne seront distribuées qu'au départ pour le travail. Chaque soir elles seront rendues au chef de poste. Les prisonniers ne bénéficieront du repos hebdomadaire, le dimanche, que si les circonstances le permettent. Le général Liautey faisant ouvrir au Maroc, à Casablanca, les boîtes de conserve des prisonniers allemands, il est fait de même à Münster, Westphalie[1], pour les paquets des prisonniers de guerre français. Ils ne recevront aucun mandat-poste. Ils n'auront droit qu'à quatre marks par semaine. Ils pourront acheter du tabac, des cigarettes et du papier à lettre. Ils ne devront posséder ni brosses, ni glaces, ni rasoirs, ni livres, ni instruments de musique. Il leur sera interdit de rire, de chanter, de siffler et d'avoir des entretiens et des conversations amicales et de se promener par deux.

Les évadés repris, les hommes refusant le travail seront envoyés dans des camps spéciaux où la discipline sera particulièrement sévère.

[1] Le camp dont nous dépendions.

C'est sans doute ce qu'ils appellent la *Kultur!*

Résultat : nous étions tous d'une saleté répugnante. Un bain en cinq mois ! Aucune distribution de linge de rechange. Beaucoup d'entre nous n'avaient plus de chaussettes, plus de caleçons, plus de chemises. Les vêtements étaient en lambeaux. Et nous tombions d'inanition.

* * *

Après quatre mois de silence, qui nous avaient paru durer une éternité, nous reçûmes des nouvelles de France. Quatre mois d'attente ! Cette privation de nouvelles, par ordre, avait été une de nos plus cruelles souffrances. Où en était la guerre ? Que devenaient nos familles, nos frères d'armes ? Autant d'inquiétudes persistantes, lancinantes. Nous écrivions, il est vrai, mais les lettres des représaillés n'arrivaient pas toujours. Dans le cas le plus favorable, elles parvenaient deux mois après l'expédition. Découragés, dégoûtés, beaucoup de camarades n'écrivaient même plus.

Puisque les circonstances où nous vivions m'amènent à parler des lettres, qu'on me permette une parenthèse. Ceux qui écrivent, de France, ne peuvent se représenter la valeur de leur écriture, au sens exact du terme, pour les prisonniers. Une écriture, je veux dire la forme graphologique, la couleur de l'encre, cent détails révélateurs... Vingt lignes, trente lignes, tout autant de liens qui vous attachent au passé, à un présent dont on est violemment séparé. Mot après mot, ce passé se lève, le présent prend vie. On se retrouve. On ressuscite. Une chaleur vous emplit le cœur... Il faut pourtant se contenter de peu. Que de choses qu'il convient de taire, de dissimuler ! A la frontière de France, une première barrière. La défense nationale a ses exigences, et il y a tant de correspondants trop confiants, trop spontanés... Deuxième barrière, allemande celle-là. Cabinet noir. Les ciseaux taillent à tort et à travers. Puis le four absorbe les chers messages. La chaleur révélera les encres sympathiques. Après quoi la chimie se dépense en lavages successifs. Et si le ton de la lettre au représaillé est par trop optimiste, si l'on peut rapprocher ces trois mots légèrement soulignés : *On... les... aura*, les flammes ont tôt fait de transformer ce message d'espoir en un maigre tas de cendres.

Bien qu'il n'arrive souvent que des débris de courrier, quand le vaguemestre apparaît c'est la course, la ruée. Un profond silence s'établit. Anxieux, les yeux dilatés, chacun cherche à reconnaître l'écriture aimée, la couleur, la forme de l'enveloppe. Appel des élus. Tristesse des autres.

Familles qui avez un des vôtres là-bas, amis qui leur écrivez, soyez prudents. Ne dites jamais ce que nous pensons tous. **Nous les aurons ?... Mais** ça va sans dire !... Ne dites jamais que nos ennemis se conduisent en barbares, que l'heure de la justice sonnera, que nous défendons une cause sacrée, que nous n'avons pas voulu cette guerre et qu'on sait bien où sont les coupables... *Apprenez que le prisonnier est responsable de tout ce qu'on lui écrit,* que les sanctions sont variées et toujours dures. Parlez donc de votre santé, si elle est bonne, de l'état des cultures, si elles se présentent bien, de ces mille riens où l'on sent l'affection et qui disent à leur manière tout ce qu'il convient de sous-entendre.

Et nous ne saurions trop nous élever contre ces êtres sans cœur — il en existe, hélas ! — qui versent de cruelles douleurs dans le cœur des prisonniers par ce moyen lâche et déloyal qui s'appelle une lettre anonyme. Celles-là arrivent toujours à leur adresse. Devant elles, les ciseaux de la censure allemande chôment, les lunettes d'or brillent, joyeuses. Il faut le dire nettement : trop de camarades reçoivent ces abominables missives : « Votre femme a fait ceci, fait cela, elle vous trompe. » Le pauvre diable, qui tient en main ces avis le plus souvent calomniateurs, n'y croit pas tout d'abord, puis sa confiance s'émousse, le doute le tenaille. Existe-t-il, dans l'isolement du camp, épreuve plus terrible que d'être amené à douter de l'affection de ceux qu'on aime ?

Il y a enfin le désespoir de ceux à qui l'on présente un papier à bord noir pour la première fois. Recevoir cela, là-bas, tout seul, en plein cœur, c'est dur, trop dur. Familles françaises, n'écrivez pas cela à vos enfants, à vos époux. Gardez la triste nouvelle. Il sera toujours temps de l'apprendre. Ou tout au moins écrivez à un camarade du captif, qui saura préparer son ami à son malheur, et surtout choisir le moment. N'imitez pas nos ennemis qui, eux, s'entendent à vous assommer sous le poids de l'irréparable.

Je me rappelle le désespoir d'un pauvre gars d'un régiment du nord de la France. C'était au cours des représailles de Westphalie, au moment où nous partions travailler dans les marais. Il y eut distribution de lettres avant le départ, parmi lesquelles figurait un pli officiel de la Kommandantur de L., dans les pays occupés. En trois lignes, exactement, sèches comme un coup de marteau, notre camarade apprit que sa femme et ses enfants avaient été tués par une explosion. Aucun commentaire, aucun adoucissement. La précision dans la cruauté... Puis la colonne se mit en route. Sous la pluie qui tombait d'un ciel lugubre, notre camarade fut contraint de remuer la vase du fossé. Nous nous taisions tous. Le silence n'était rompu que par les cris des sentinelles et les sanglots de l'homme frappé au cœur. Ces sanglots, messieurs de la Kultur, nous ne les oublierons pas !

* * *

Revenons à nos moustiques.

Un jour, un général allemand vint visiter le « cantonnement ». Il me déclara que lorsque tous les prisonniers allemands employés au Maroc[1] seraient ramenés en France, nous réintégrerions nos camps d'origine. Une raison était enfin donnée à nos souffrances. Notre séjour en Pologne devenait ainsi représailles officielles. Convenait-il que le gouvernement français fût fixé à notre sujet?

La question fut longuement débattue entre nous. Jusqu'à quel point allions-nous faire le jeu des Allemands qui, nous le sentions, se plaignaient moins du traitement infligé aux leurs, au Maroc, que de la présence, dans ce pays si violemment et si longtemps convoité, de prisonniers allemands ? Cruelle blessure à leur orgueil ! Insupportable offense !... Que penseraient les Marocains ?... Manœuvre politique que tout cela.

Il fut enfin décidé, la question retournée sous

[1] *Le régime des prisonniers de guerre en France et en Allemagne*, page 30 : « Dans l'Afrique du Nord (Algérie, Tunisie, Maroc) les dépôts sont établis dans la partie la plus saine de ces colonies. Au Maroc, tous les camps sont situés en dehors des régions marécageuses qu'on rencontre plus spécialement au nord de Rabat. Pour permettre le déplacement des chantiers, les prisonniers sont logés quelquefois dans des *tentes*, du modèle réglementaire dans l'armée française. A la suite de sa visite aux camps du Maroc, M. de Marval (un médecin suisse) a constaté que l'organisation des dépôts, dans cette région, ne le cède en rien à celle de la métropole.

toutes ses faces, que notre devoir de soldats était d'avertir nos chefs. A eux de décider ! Par des voies que nos gardiens ignoreront toujours, nous envoyâmes en France les documents nous concernant.

Le régime continua.

A la longue les onze heures de travail, — équipe de jour, équipe de nuit, — l'épuisement, les maladies et, il faut le dire aussi, la révolte sourde, firent tomber la proportion des travailleurs à un chiffre oscillant entre le dix et le vingt pour cent de l'effectif total. Ce résultat valut aux plus valides pas mal de coups, de cachot, de souffrances diverses. Rien ne put les contraindre à demander grâce...

En écrivant ces lignes, combien de souvenirs surgissent dans mon esprit. Pour l'instant, je dois les taire. Mais ils seront certainement connus un jour, ils doivent l'être. Il est, en effet, des prisonniers qui furent admirables, là-bas, qui se conduisirent en véritables héros.

Sur les cent soixante-cinq hommes qui composaient le détachement, j'en présentai, certain matin, cent trente à la visite du docteur allemand. Cent vingt-trois furent reconnus malades, incapables de fournir la plus mince besogne, et parmi eux, vingt-trois furent envoyés à l'hôpital.

* * *

Un jour, ce fut mon tour. Les privations, les moustiques peut-être plus encore, avaient brisé ma résistance. Dysenterie, malaria, fièvre. C'est une loque humaine qu'on jeta dans un vagon de marchandises Destination : l'hôpital de Suwalki. On me déshabilla, on me mit dans un lit repoussant de saleté...

Quatre malades, en tout, dans cette salle d'isolement : trois Russes et moi.

Je demandai à un camarade qui vint me voir d'une salle voisine :

— Qui occupait ce lit avant moi ?

— Un Russe.

— Mort ?

— Oui.

— De quoi ?

— De la cholérine.

Je fis un effort pour m'arracher à ce foyer d'infection mais je n'en eus pas la force. Les yeux fermés, j'acceptai mon sort... Peu ou pas de médicaments... Je restai huit jours avec 40° de fièvre. (On se bornait à prendre ma température.) Souvent je perdais connaissance. Un soir, entre deux délires, désespéré, j'écrivis une lettre d'adieu à mes parents... Affreux moments ! De là-bas, dans le total abandon, écrire une dernière fois à ceux qu'on aime tant...

Je me raidissais devant la mort... Quand je sentais commencer le délire, je revoyais les miens jusqu'à la dernière minute de conscience. Mes yeux se rivaient sur le visage d'un Russe dont j'entendais le râle précipité... Atteint de dysenterie, je me « vidais » (que le lecteur excuse cette expression, c'est la seule exacte) dans mon lit. Les infirmiers ne s'en préoccupaient point. L'un d'eux me dit :

— On change de drap tous les mois.

Cependant, mon sort n'était pas de mourir là-bas. Un matin, comme par enchantement, la fièvre tomba.

A la visite, un brave docteur russe s'approcha de moi et me dit :

— Vous reverrez la France et les vôtres, vous êtes sauvé !

J'étais incapable de remuer, j'aurais voulu remercier ce docteur, lui serrer la main, lui crier mon bonheur : j'en étais incapable. Ma maigreur était effrayante.

...Pendant mon temps d'hôpital, que de cadavres j'ai vu emporter dans des caisses aux planches mal jointes ! Que de croix hérissent les cimetières des lazarets ! Les Russes surtout, particulièrement maltraités, sans colis depuis des mois, un an même, réduits au dernier degré de misère physiologique, mouraient comme les mouches en automne. J'en ai vu s'éteindre plusieurs. Toute ma vie j'aurai devant les yeux la vision de leurs grands corps soulevant la mince couverture en des mouvements anguleux, de leurs visages émaciés, de leur barbe décolorée, de leurs regards de bête traquée, de plus en plus triste. Soudain, des convulsions, des mouvements effrayants, les dix doigts courant sur le drap maculé, les ongles griffant comme pour saisir un appui... Les lèvres balbutiaient quelques mots énigmatiques...

Puis le nez se pinçait davantage. Peu à peu le visage du moribond devenait impressionnant avec ses yeux vitreux, son teint gris, sa bouche ouverte, ses dents horriblement longues pointant de gencives violacées. Sous le drap, profilant son interminable maigreur, le corps demeurait enfin immobile, entré dans le repos après des années de misère sans nom.

Mourir seul, là-bas, sans un mot d'amour, sans une main amie qui presse la vôtre pour vous aider à franchir le grand pas ! Combien de dizaines de milliers de soldats prisonniers sont partis dans cette désolation finale, détresse du corps, détresse de l'âme. Et la mère, la femme, les enfants, n'en ont rien su, n'en sauront jamais rien. Les enfants jouaient peut-être dans un petit jardin fleuri quand leur père livrait l'affreux combat qui mène à la grande évasion...

Et voici qu'on emporte la caisse. Tout-à-l'heure, il y aura une croix de plus :

Hier ein französischer Soldat... Hier ein russischer Soldat !

* * *

Le docteur russe me prodigua des soins éclairés, me procura un peu de nourriture en cachette. Je fus bientôt hors de danger. Des quatre que nous étions à mon arrivée, je sortis seul vivant de cette salle d'isolement.

Enfin, ne souffrant plus, m'ennuyant à mourir dans cette morgue, désireux de m'éloigner de ces lieux où j'avais cru être enfoui pour toujours, je demandai à rejoindre mes camarades d'infortune. Mon départ de l'hôpital fut décidé.

Je fus mandé à la Kommandantur de Suwalki où, l'œil menaçant, un feldwebel me dit :

— Vous ne voulez pas travailler pour l'Allemagne. Vous êtes un anarchiste ! Vous ne retournerez pas dans votre Kommando où vous avez déjà désorganisé le travail. Augustowo !...

Augustowo... Deux ou trois cents représaillés sont là, cantonnés dans les vastes bâtiments d'une caserne de cosaques. Je me crois dans un palais, quand je compare aux sépulcres de Blizna. Les moustiques sont en quantité supportable. On peut essayer de les chasser quand ils vous piquent. A Blizna, ils étaient trop !

Par contre, les sentinelles sont aussi mauvaises qu'à Blizna.

Un *gefreiter* dirige en fait le Kommando sous le surnom de « Feuille de rose ». Le lendemain de mon arrivée je fais sa connaissance. Malgré mon état lamentable, il s'avance, menaçant :

— *Raus ! los !...* Au travail !...

— Malade !

— Malade ? Fous êtes signalé ! Fous n'avez jamais voulu travailler. Fous verrez avec moi !

— Malade...

— Hein ?

— Malade.

Une demi-heure de menaces. Je conserve un « garde-à-vous » impeccable. Voyant qu'il n'y a rien à tenter, le *gefreiter* s'éloigne en vociférant :

— Fous ne savez pas ce qui fous attend...

SUR LES BORDS DE LA BALTIQUE

La menace contenue dans le dernier paragraphe de la circulaire fut enfin exécutée. « Les évadés repris, les hommes refusant le travail, seront envoyés dans des camps spéciaux où la discipline sera particulièrement sévère. » Particulièrement sévère ! Cela en dit long dans la langue prussienne ! Sur les 30 000 représaillés disséminés en Pologne, un triage fut opéré. Les Allemands choisirent ceux qu'ils entendaient « soigner » pour une raison ou pour une autre.

Nous partîmes cent cinquante. Nouveau voyage vers l'inconnu.

— Schrecklich !... Terrible !... disaient nos gardiens.

En réponse, nous chantions.

— Franzosen ! Franzosen ! faisaient alors nos gardes-chiourme.

Le ton sur lequel étaient prononcés ces mots nous remplissaient de fierté... Nous étions maigres, repoussants de saleté. Nos corps couverts de vermine, nos visages déformés par les piqures de moustiques nous donnaient des airs d'affreux repris de justice.

* * *

Memel sur la Baltique. Quelques heures de bateau... Nous débarquâmes à Nidden. Une brute nous y attendait, un lieutenant spécialement choisi...

Qu'on veuille bien réfléchir à ceci : dans les camps ordinaires, les gardiens étaient quelconques, ce que les faisaient les chefs, bons ou méchants, à la disposition d'un ordre qui les jetait d'un côté ou de l'autre. Mais pour les camps de représaillés les Allemands opéraient une sélection parmi les leurs. Les chefs étaient terribles et recevaient et transmettaient des ordres abominables. Ils voulaient mâter, briser ; ils poursuivaient un but d'intimidation, de pression politique, de défaitisme par voie de correspondance. Qu'on se représente, dans ces conditions, ce qu'est un camp de représailles pour représaillés ! Des représailles au cube ! Westphalie, Russie, Nidden.

Le lieutenant ne nous fit pas de discours. Dès qu'il aperçut le premier d'entre nous, les insultes lui coulèrent de la bouche avec un naturel impressionnant. On aurait pu gagner le camp par une route excellente, mais il ordonna aux gardiens de nous faire marcher au bord de la mer, sur le sable mouvant, non battu par les flots, à vingt mètres du bord. Soleil de plomb. Cette marche dans le sable fin, pour les hommes épuisés que nous étions, tourmentés de dysenterie, fut terrible. Quand nous tombions, les gardiens nous relevaient à coups de pied, se précipitant en meute. L'un d'entre nous entonna soudain la *Marseillaise.* Nous la chantâmes en chœur.

Aux armes, citoyens ! Ces mots, lancés par cette colonne titubante, près des flots gris de la Baltique, ne manquaient pas d'une certaine grandeur. Nous puisâmes dans notre hymne national la force d'achever le parcours. Après trois heures de calvaire, voici nos vieux amis les barbelés. Nous nous trouvions certainement dans le coin le plus inhospitalier de l'Allemagne. Sur la carte, il porte du reste le nom significatif de « Vallée du silence ». Le camp était dressé entre deux hautes dunes que le vent balayait sans cesse, si bien qu'il pleuvait du sable. Aucune végétation. A la lettre, pas la plus petite touffe d'herbe, pas le moindre jonc. Le jour, un soleil de plomb ; la nuit, une rosée froide. Comme abris, de petites tentes ; comme lits, des fougères vertes. Et dès la chute du jour nous retrouvâmes ces autres amis, les moustiques. Du moins, ici, chômaient-ils durant le jour.

* * *

Même menu (terme pompeux) qu'en Pologne. Une différence, pourtant : la soupe nous était donnée à midi et le soir, à la nuit tombée. Aucun éclairage n'était toléré. Les sentinelles avaient ordre de tirer sur les tentes si elles apercevaient une lumière. Quels repas ! Le sable, à cette heure où le vent redoublait, laissait choir sa pluie impondérable. Nous avions beau protéger notre gamelle du képi ou d'un reste de mouchoir, des centaines de grains microscopiques craquaient sous nos dents... Les gradés, adjudants et sergents, n'étaient pas contraints au travail à l'extérieur. Parqués dans un espace de quelques mètres carrés, qu'ils ne devaient quitter sous aucun prétexte, ils épluchaient des légumes.

Pour les caporaux et les simples soldats, les Allemands, dont il convient d'admirer l'ingéniosité dans l'inutile cruauté, avaient trouvé quelque chose de tout à fait nouveau. Levés avec le soleil, parfois même avant l'aube, nous partions en toute hâte comme s'il se fût agi de courir éteindre un incendie. Cinq kilomètres, franchis à vive allure ; arrivés à destination, nous touchions pelles et sacs, emplissions ces sacs du sable des dunes jusqu'à la nuit, et avec le plus grand sérieux les vidions dans la mer immense.

Il faut reconnaître que c'est une trouvaille !... Tous, nous acceptâmes cette besogne. Puisqu'elle était majestueusement inutile, nous n'avions vraiment aucune raison de la refuser. Je nous vois encore grattant le sable, emplissant nos sacs, les portant en procession jusqu'au bord de la Baltique, puis les vidant à la volée (le geste auguste du semeur). Et cela une fois, deux fois, cinquante fois, autant de fois qu'il est possible en onze heures. Et toujours la famine au ventre.

Comme par enchantement les sacs crevèrent. On nous donna des vagonnets et le travail reprit avec un redoublement d'activité sous la menace des fusils. Pendant plus d'un mois, nous jetâmes du sable dans la Baltique, après quoi les dunes étaient aussi hautes et le rivage au même endroit. Remercions les flots puisque, grâce à eux, nous n'avons pas eu le regret de voir s'augmenter la superficie de la « plus grande Allemagne ».

*　*　*

A ce travail de forçats s'ajoutaient les traitements les plus odieux. Notre séjour à Nidden ne fut qu'une succession d'actes de brutalité. J'en citerai quelques exemples.

Un camarade, nommé Fiandri, s'appuyait un soir, à bout de forces, contre un vagonnet. Il avait cessé le travail depuis une minute à peine, lorsqu'une sentinelle qui s'était approchée en se dissimulant, lui asséna un coup de crosse sur le visage. Le sang jaillit des lèvres fendues. Fiandri se précipita sur son agresseur pour le désarmer. Craignant l'irréparable, nous intervînmes et réussîmes à séparer les deux hommes.

Un matin, je montrai à un sous-officier qui nous surveillait un camarade à peu près incapable de se traîner tant il était faible. Le sous-officier grommela :

— Ici, les Français n'ont pas le droit d'être malades !

A quoi l'homme exténué répondit :

— Pas le droit d'être malade ?... Il nous **reste au** moins celui de crever, j'imagine...

... A midi, le travail était interrompu pendant une heure. Des camarades, attelés à une cuisine roulante, apportaient alors au camp notre maigre pitance. Un jour, étendu sur le sable avec mon ami Meaume, un territorial volontaire de 1914, énergique parmi les énergiques, nous attendions la soupe... Trois quarts d'heure de retard !... Enfin, au tournant du chemin sablonneux, tirant à pleines cordes, zigzagant de fatigue, deux de nos camarades, et derrière eux, dans les brancards, notre ami Gérard, camarade de tente et de popote, que nous avions laissé, le matin même, couché sous la tente. Souffrant d'une profonde blessure à la cuisse, le régime du bagne l'avait terrassé. A côté de lui marchait une sentinelle allemande, une brute entre les brutes, surnommée le Rouquin, qui frappait notre ami à coups de crosse dans le dos, ne s'arrêtant de cogner que pour menacer de la baïonnette. Finalement, Gérard se laissa tomber sur le sol, avec ses deux compagnons, rendus, les lèvres bleues. Pendant tout le parcours, environ quatre kilomètres, la brute avait frappé. Nos trois camarades avaient pourtant été reconnus malades, et Dieu sait s'il fallait l'être pour que la chose arrivât ! Or, le Rouquin, malgré leur état, les avait **obligés à se mettre dans les brancards !**

* * *

Dans l'après-midi, le lieutenant venait surveiller le travail. Il s'embusquait sur le haut d'une dune et à l'aide de sa lorgnette jouissait du spectacle.

Certaine fois, le sous-officier commandant la corvée nous dit :

— Dépêchez-vous, quand vous aurez jeté douze vagonnets, vous rentrerez au camp.

Ainsi fut fait. Vers cinq heures, nous prîmes le chemin du retour. Nous avions parcouru environ deux kilomètres et demi quand le lieutenant apparut. Du haut de son observatoire il nous avait vus partir et nous avait rejoints à toutes jambes, vraiment déchaîné, fou, hurlant si fort que les sentinelles effrayées se cachaient derrière la colonne. De sa voix rauque, il cracha les injures les plus immondes à la figure du sous-officier allemand en le menaçant de sa cravache.

— Il l'engueule bat, dit un parigot, mais c'est encore nous qui allons trinquer !...

Le parigot avait raison. Demi tour, direction les vagonnets. Bavant toujours des injures, l'officier plaça les sentinelles à dix mètres de nous, fit armer les fusils, se campa poings sur les hanches et vociféra :

— Si l'un de vous cesse un instant de travailler, je commande le feu sur tout le monde !

A neuf heures du soir, nous jetions encore du sable dans la Baltique !

* * *

Vers la fin de notre «séjour» à Nidden, un dimanche, au réveil, un sous-officier allemand annonça qu'une quarantaine d'entre nous pourraient prendre un bain chaud. Quelle aubaine, quand on est resté des semaines sans se déshabiller, que les puces et les poux vous courent sur la peau ! Les camarades plus particulièrement sensibles aux morsures et aux piqûres de la vermine se présentèrent, furent acceptés avec un empressement suspect et partirent. Ils réapparurent deux jours plus tard, se traînant avec peine, gémissant, leurs chaussures à la main, les pieds en sang. Blêmes, la mâchoire pendante, le teint cireux, les yeux chavirés, ils ne répondirent d'abord pas à nos questions. Ils racontèrent enfin qu'on leur avait fait franchir cinquante kilomètres à pied jusqu'à un village où leurs vêtements avaient été mis dans un four de boulanger. De bain, pas trace ! Et ils revenaient après leur course sur le sable du rivage, couverts de vermine comme devant... Représailles ! Fantaisie sadique du capitaine von Zossen, commandant du camp. Il faut bien charmer ses loisirs !

Ce dit von Zossen refusait systématiquement de nous entendre, donnant comme argument que «ces chiens de Français étaient indignes de lui adresser

la parole ». Et il prodiguait aux sentinelles l'ordre de nous tirer dessus pour les raisons les plus futiles. Elles s'en gardèrent bien, du reste, sachant que nous avions le nombre, sinon les armes, et que nous aurions vendu chèrement nos peaux.

On ne nous appelait jamais par nos noms ou par nos grades, mais bien par le numéro que nous portions cousu sur la poitrine.

— Nidden, ricana certain jour un gardien, doit être pour vous une *Zuchthaus*, un bagne !

Nous nous en étions aperçu ! Mais on n'obtint des représaillés ni un geste qui pût être interprété comme une faiblesse, ni une attitude d'esclave. Malgré leurs fameux « moyens », ces Messieurs de la *Kultur* ne devaient jamais nous « posséder ».

*   *   *

Que l'on ne s'imagine surtout pas que les Allemands nous faisaient ainsi souffrir pour obtenir un meilleur traitement en faveur de leurs prisonniers, en France. Par les représailles, Berlin poursuivait plusieurs buts inavouables :

Frapper à la tête, c'est-à-dire enlever des camps ordinaires ceux qui étaient reconnus comme pouvant être des propagandistes du patriotisme ; démoraliser un certain nombre de familles françaises, les amener par les souffrances infligées aux leurs à souhaiter la fin de la guerre à tout prix et dans le plus bref délai possible ; créer ainsi une atmosphère favorable à la diffusion du défaitisme ; réduire les représaillés à l'état de loques, faire d'eux des inutiles, des incapables dans l'après-guerre.

Résultat obtenu : des morts, beaucoup de morts, des santés ébranlées pour toujours ; mais surtout une exaltation du patriotisme, une haine éternelle du militarisme prussien et de ses crimes.

AU POTEAU !

Un matin, départ... Adieu le bagne !

...Gare d'Heilsberg (Prusse orientale). Nous traversons les rues commerçantes de la ville. En vitrine de plusieurs boutiques, je remarque des cercueils... La guerre ! Un peu « appuyé » tout de même.

Camp infect. Les Prussiens qui prennent livraison de nous sont frères de ceux de Nidden.

Arrivés à destination vers deux heures du matin on nous fait lever à cinq. A la lumière de globes électriques, un lieutenant passe l'inspection. Pour « absence » de cravate un zouave récolte plusieurs jours de cellule. Il a beau tenter d'expliquer que son uniforme ne comporte point cet ornement, la punition est maintenue. Comme nos vêtements sont en lambeaux, le lieutenant a tôt fait de remplir les cellules disponibles. C'est la prise de contact. Elle promet...

Et au travail ! Anémiés par des mois et des mois de privation, des camarades se faufilent dans une baraque, se dissimulent sous des tas de paille où les sentinelles, averties par quelque espion vêtu en prisonnier, viennent en hâte plonger leurs baïonnettes. Par un hasard miraculeux personne n'est blessé. Cependant, empoigné, traîné devant le rassemblement, un Français est roué de coups par un sous-officier d'artillerie de si indigne façon que nous protestons à haute voix. Le sous-officier braque sur nous son revolver, les sentinelles leur fusil... Nous nous taisons... On emmène l'homme pour l'attacher au poteau. Ecœurés, sous la neige pourrie qui tombe sans arrêt, nous transportons les toiles goudronnées destinées à la toiture des baraques.

* * *

Vers le soir, tandis que nous pataugeons dans le cloaque, sorte de bouillie de neige noirâtre, une scène répugnante s'offre à nous : les camarades punis le matin par l'officier, sans autre motif que le déguenillement des uniformes, vont être attachés au poteau.

La bourrasque a redoublé. Coups de vent. Paquets de pluie, flocons gonflés d'eau. Soudain, les portes de la prison s'ouvrent. Le teint blême, les yeux clignotants à la lumière pourtant grise, des Russes, puis des camarades apparaissent; on les pousse vivement vers des poutres fichées en terre. L'ignoble spectacle ! Que nous sommes loin de notre douce France ! Qu'avons-nous donc commis pour être traités de la sorte, salis dans notre dignité d'homme, outragés dans notre fierté de soldat? Sommes-nous des assassins, des invertis, d'incurables récidivistes des crimes les plus honteux? On pourrait le croire.

Le dégoût au cœur, grinçant des dents, sentant gronder en nous une haine farouche, nous assistons, impuissants, au détail de l'« opération ». Nos camarades sont contraints de monter sur une pierre de vingt centimètre de hauteur environ. Avec une gravité de tortionnaire de profession, un sous-officier lie l'homme au poteau, tire sur la corde de toutes ses forces, ramène les bras en arrière, parfois à la hauteur de la nuque, les noue aux poignets...Un robuste coup de botte déplace la pierre[1], si bien que le poids du corps repose entièrement sur les cordes bandées qui bientôt meurtrissent les chairs, donnant au spectateur l'impression qu'elles scient des corps pantelants. Moral, autant que physique, le supplice a commencé.

Réglementairement, il ne devrait pas durer plus de deux heures. Pratiquement, il dure aussi longtemps que cela plaît au bourreau. C'est sa manière de faire la guerre!

Et aujourd'hui, il neige, il pleut, le vent souffle en rafales... Les suppliciés — il n'y a pas d'autre mot — essayent de changer de position, de déplacer les cordes, de les faire porter sur un point moins sensible. Ils s'épuisent en vains efforts, ne réussissant qu'à rendre plus cuisante la morsure

---

[1] Quand la « faute » était moins grave, les pieds de l'homme lié reposaient sur le sol.

des cordes... Les visages grimacent de souffrance, les mains bleuissent de froid, se congestionnent, les yeux se cernent, comme meurtris, les têtes tombent sur les poitrines, se relèvent, roulent d'une épaule à l'autre. L'une d'elles s'immobilise. Le camarade est-il évanoui? On n'ose s'approcher, crier un mot de sympathie, car on sait que ce serait prolonger le supplice... Le surveillant est là, à trois pas, abrité sous l'avancée du toit de la baraque, qui fume paisiblement sa grosse pipe allemande...

Frappés d'une sorte d'affreuse stupeur, nous ne pouvons détacher nos regards de ces camarades ligotés, sinistres dans cette nuit qui vient, sous cette neige fondue qui leur fouette le visage. Si leur femme, leurs enfants, voyaient ce spectacle ?... On rétrograde de plusieurs siècles, on pense à la roue, aux tenailles, au pilori, aux fers rouges !... Le surveillant obéit. Son infamie est passive. Mais que dire de la caste qui veut, qui organise cela, qui a perverti la conscience de tout un peuple au point que des choses pareilles sont possibles ?

Neutres, qu'en pensez-vous ?...

Ces hommes, liés au poteau, sont partis à l'appel du tocsin pour voler au secours de leur patrie, de la Belgique, traitreusement attaquées ; ils étaient à la Marne, à l'Yser, à Verdun ; ils sont les héros que l'histoire chantera toujours... Blessés, prisonniers, les voici au poteau d'infamie ! L'un d'eux, la croix de guerre sur la poitrine, frappé au rassemblement

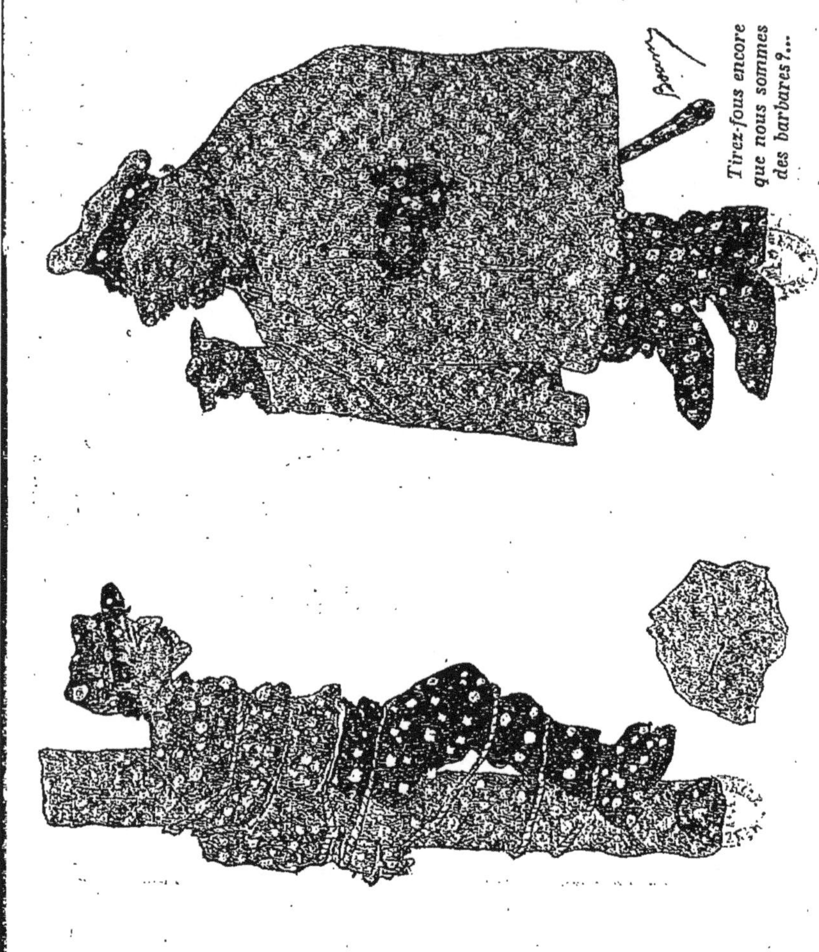

Tirez-fous encore
que nous sommes
des barbares?...

par un sous-officier, s'est redressé, a protesté, a jeté ce mot : Barbares !

Il s'approche, ce sous officier à l'encolure de taureau, à la nuque plissée en un bourrelet débordant du col, il rôde autour des poteaux, ricane, se campe enfin devant sa victime et, les bras croisés sur la poitrine, les jambes écartées, un gros cigare à la bouche, s'écrie :

— Tirez-fous encore que nous sommes des barbares ?...

Les rafales de vent et de pluie répondent à leur manière. L'œil de la victime ne lâche pas l'œil du bourreau qui interroge... Ce regard d'infini mépris, je ne l'oublierai jamais. Encore un qu'ils ne « posséderont » jamais !

Une heure, deux heures se passent. On dénoue les cordes. Dans la nuit, titubant comme des hommes ivres, nos camarades regagnent la prison.

« Direz-vous encore que nous sommes des barbares ?... »

LA PORTE S'OUVRE !...

On ne veut plus de nous... Départ pour Brande-
bourg sur Havel. Là, nous retrouvâmes les camarades revenant de Russie. Je serrai les mains des
amis de Blizna. Notre état se faisait chaque jour
plus lamentable. Des crises de toux déchiraient
la poitrine de presque tous les représaillés, hâves,
décharnés, à bout de forces. Le docteur allemand
reconnut que nous étions pour la plupart incapables de fournir un travail quelconque. Nombreuses
évacuations sur l'hôpital. Les moins atteints
furent seuls envoyés en corvée chez les paysans
pour l'arrachage des pommes de terre.

Un jour, un espoir fou nous fit battre le cœur,
briller les yeux. Les bêtes traquées que nous
étions tournaient plus vivement dans la cage des
fils de fer barbelés. On disait, on répétait : — Une
commission médicale formée de médecins suisses
va visiter le camp, interner, rapatrier peut-être les
nombreux malades... » Ce fut un véritable délire.
Parler à des gens qui ne nous haïssent point, à
qui nous pourrons dire : « Regardez ce qu'on a
fait de nous ! » Quelle fièvre ! quelle folie !... Entas-

sés dès que nous le pouvions près de la porte du camp, nous restions là des heures à l'affût d'une nouvelle, les yeux rivés sur le chemin par lequel les docteurs suisses, nos sauveurs, allaient arriver.

Soudain, ce coup de marteau sur la tête : « Les docteurs suisses n'examineront pas les prisonniers venant des camps de représailles ! » Nous restâmes assommés. Devant cette communication brutalement laconique, notre déception fut immense. Nous eûmes la sensation d'une dernière chute dans le vide... Sur quoi nous appuyer, désormais ? Nous allions mourir en Allemagne, rejoindre au fond de leurs fosses les nombreux camarades morts du typhus, de la tuberculose, de la misère physiologique.

Nous n'avions plus aucun vestige de droits. Nous étions hors la loi, hors toutes les conventions. Des bagnards !

Un de mes camarades, le sergent Pouchot, solide gaillard à la veille des représailles, ne put cacher son désespoir. Je vois encore ses larmes couler, se perdre dans les rides creusées par la maigreur. Se domptant, Pouchot effaça d'un revers de main les traces humides et il eut ce cri : « Les rosses ! » Un accès de toux le secoua. Le mouchoir qu'il passa sur ses lèvres se tacha de sang. Tête baissée, courbé comme un vieillard, le sergent s'en alla relire une fois encore les lettres des siens. Comme tant d'autres, Pouchot ne devait pas revoir sa patrie.

Cette scène me bouleversa. Allait-on nous laisser « crever » l'un après l'autre comme des bêtes hors d'usage ? « L'ordre est l'ordre », répondaient nos gardiens.

Dans un élan d'indignation, je rédigeai une protestation dans laquelle je suppliais les médecins suisses d'insister à Berlin pour que nous soyons admis à passer une visite médicale. Le commandant allemand du camp voulut bien transmettre cette réclamation.

*　*　*

Bientôt nous fûmes renvoyés dans nos camps d'origine. Des semaines s'écoulèrent avant que nous soyons examinés par les commissions suisses. Tristes heures d'attente... Je retournai dans les marais de Westphalie où je retrouvai les camarades que nous y avions laissés. On leur avait annoncé que les représailles étaient terminées, mais le même régime avait continué. L'enseigne seule avait changé !...

Beaucoup d'entre nous, gravement atteints, s'acheminèrent enfin vers Constance. Avant mon départ, on me confisqua tout mon petit avoir, ne me laissant que les vêtements que j'avais sur le corps. Le censeur, penché sur mes souvenirs comme un juge sur des pièces à conviction, mit en paquet les photographies des miens, les portraits des camarades, toutes les chères lettres reçues au cours de ma captivité. Il me dit en excellent français : « Si vous passez en Suisse, je vous renverrai toutes ces choses dès que vous aurez fait tenir à la Kommandantur de Burgsteinfurt la carte verte qui vous sera distribuée et sur laquelle vous écrirez votre adresse. » Je devais suivre ces excellents conseils à la lettre. J'attends encore la réponse... On me fouilla jusque dans mes chaussettes. On donna mes chaussures au cordonnier pour qu'il en visitât les semelles...

* * *

Constance. Existence fiévreuse, surexcitation mentale à un pas de la liberté. Je me présentai devant la commission. Aucune feuille de maladie me concernant n'ayant été envoyée de l'hôpital de Suwalki, le médecin allemand me refusa. Quoi ! retourner en Allemagne ? Tout, tout, mais pas ça ! Je réclamai avec indignation. Les camarades refusés ne parlaient plus, la mort dans l'âme ; leurs yeux traduisaient une douleur abominable !... Tourner durant des années dans la trappe, se tenir enfin près de la porte entr'ouverte, voir une terre libre, et soudain replonger dans la nuit et sentir qu'on n'a plus la force de résister ! Minutes qu'il faut avoir vécues pour en savoir la mortelle angoisse.

Ma déception était telle qu'une rechute de fièvre violente en résulta. Un médecin fut appelé. Le thermomètre marqua 39,9° ! Avec une véhémence que la fièvre accroissait, je criai aux Allemands qu'ils voulaient ma mort et celle de mes camarades, j'en dis tant et tant que je fus représenté à la commission et accepté.

Accepté ! Accepté ! Je parlais tout seul, je riais par saccades, je sautais de joie comme un enfant. Accepté ! J'allais quitter l'Allemagne, le bagne, revoir les miens, mon pays !... Impression que les mots sont incapables de traduire. La liberté devient soudain une chose vivante, visible, palpable.

Cependant des trains partaient pour la Suisse, sans que les noms de quelques représaillés fussent appelés. J'étais de ce nombre.

Par des scribes du bureau, j'appris que notre cas n'était pas absolument clair, que nous étions les garants de certains prisonniers allemands en France dont l'internement en Suisse devait précéder le nôtre. Les représailles allaient-elles recommencer ? Trois semaines d'attente affolante. Le 23 décembre 1916, au soir, vers six heures et demie, un convoi pour la Suisse partit du camp à la gare. J'étais seul dans la cour. M'armant d'audace, je me présentai brusquement au médecin-chef qui m'avait soigné. Je connaissais l'absence de l'inspecteur qui m'avait mis en représailles, aussi risquai-je :

— Docteur, on m'a oublié. Vous m'avez désigné pour la Suisse. Or je suis encore là avec un de mes camarades, nommé Bickel, qui lui aussi est accepté.

— En effet, je vous ai désigné.

Mon cœur bondissait.

— Venez avec moi...

On m'attacha une étiquette B. O. B. sur la poitrine et me confia à une sentinelle en nous disant :

— Il est sept heures et quart. Vous avez le temps de rejoindre le convoi.

— Et mon camarade ?...

— Je vais m'occuper de lui.

Quelques minutes après, mon ami Bickel me rejoignait.

* * *

... Gare de Constance. Un train suisse... Sept heures vingt. Soudain, sur le quai, le grand inspecteur ! Bickel et moi nous nous faisons minuscules. Va-t-il parcourir le train ? Nous reconnaître comme représaillés ?...

Oh ! ces minutes... On nous a dit que la Suisse est à quelques centaines de mètres. Y arriverons-nous ? Chose bizarre, un vers de Victor Hugo, que je croyais oublié et qui dormait dans un obscur recoin de ma mémoire, m'assaille avec violence. Je le répète avec une insistance de fou : *Avant que de sa lèvre il eût touché la coupe...*

7 h. 35. Un craquement de vagon. Nous partons... Le train roule doucement. La haute silhouette de l'inspecteur à barbiche diminue, disparaît. Cependant je crains encore, je ne sais quoi.

Mon cœur bat à coups énormes, précipités. Dans la nuit, des lumières que nous dépassons. Les visages de mes camarades expriment une joie immense, une béatitude sans borne. Un officier suisse traverse le vagon. « Ouvrez les fenêtres ! » Nous ouvrons. Et nous comprenons bientôt l'à-propos de cet ordre. Dans la nuit, soudain, une voix claire d'enfant jette ce cri : Vive la France ! ...Cri magnifique. Instantanément des larmes jaillissent. Et de nouveau une voix de femme : Vive la France !... Est-ce possible, là, si près du bagne ! Vive la France ! J'ai bien entendu. Et voilà que de partout vient à nous le cri de bienvenue : Vive la France ! Nous nous précipitons aux fenêtres. Nous essayons de répondre : Vive la Suisse ! mais nos voix s'étranglent dans la gorge et nos yeux s'emplissent de larmes. Nous agitons nos képis. C'est la détente. Nous retombons sur les banquettes, brisés.

Et le train roule toujours parmi les vivats et un bruissement continu d'acclamations. Ah ! les braves Suisses !

Schaffhouse. Vivats, drapeaux français, fleurs. Stupéfaits, nous regardons ces visages souriants. Mon Dieu, que c'est donc bon et nouveau des yeux qui nous regardent avec sympathie !

Arrière, le cauchémar, les baïonnettes à scie, les barbelés, les crosses et les jurons !...

* * *

Et soudain un brusque retour sur soi-même, un reproche dont on cingle sa joie, son égoïsme triomphant. Et les pauvres amis qui sont encore là-bas à remuer la vase, poursuivis par des injures et des coups... Et ceux qui agonisent à Suwalki... Et ceux qui, ayant entrevu la liberté à Constance, roulent en cet instant dans la nuit pour regagner le bagne, une pierre d'angoisse sur le cœur...

L'Oberland, des mots, des gestes de sympathie. Un lit avec des draps blancs, le repos, des médecins attentifs, des médicaments (adieu les ersatz!). Pourtant le cauchemar nous accompagne encore. La nuit, souvent, on se réveille en sursaut, une sueur froide au front... La sensation du corps s'enfonçant dans un matelas vous ramène à la bienfaisante réalité... En promenade, la pensée se trouble soudain. On se retourne et on s'arrête étonné de ne plus voir les fils barbelés, de ne plus entendre les cris rauques des sentinelles. On peut parler aux civils sans craindre les coups de crosse, la prison, le poteau!... On peut écrire librement tout ce que l'on a au fond du cœur!... Evanouies aussi les hallucinations de la faim, les tiraillements d'estomac qui nous courbaient en deux, les vertiges... On se réjouit des forces qui reviennent et un soir, oh! minute d'un bonheur infini! on se jette dans les bras des êtres aimés. On rit, on pleure surtout. Les bonnes larmes!

* * *

Puis la tristesse revient. Et ces mots de mes camarades restés là-bas m'accompagnent, s'élèvent avec force :

— Tu sais ce que nous souffrons. Il faut qu'on *les* connaissent tels qu'ils sont. Raconte ce que tu as enduré, ce qu'on nous a fait, comment beaucoup sont morts. Parle !... Et ce sera pour les nôtres une raison de plus de tenir jusqu'à la Victoire.

Je leur ai promis de jeter mon cri d'indignation. De mon mieux je tiens mon serment. Ayant écrit ce que j'avais vu, j'ai recueilli des dépositions d'hommes de parfaite droiture. Dépositions reconnues exactes jusque dans les moindres détails par des dizaines de témoins. Les faits qu'elles dénoncent doivent être connus pour que nos camarades qui se battent fortifient encore leur volonté de terrasser un militarisme qui a plongé le monde dans le sang et dans la boue.

* * *

Voici tout d'abord le témoignage de mon ami Roger Bickel qui remplissait au camp d'Altengrabow les fonctions d'interprète.

AU CAMP D'ALTEN-GRABOW

En mars 1915, un homme de la baraque 7 (1er bataillon, 2me Cie) nommé Davergne, appartenant à un régiment de chasseurs, se lève la nuit. Les W. C. étant au bout de la cour, à une distance assez considérable, Davergne, fortement indisposé, s'arrête à mi chemin. Une sentinelle allemande l'aperçoit, fonce sur lui avec des cris féroces, le transperce de part en part d'un coup de baïonnette. Le malheureux eut encore la force de se traîner jusqu'à l'intérieur de la baraque, de dire à ses camarades qu'on venait de l'assassiner... Dix minutes après il expirait... Le lendemain matin, l'adjudant français, chef de baraque, accompagné d'un interprète, déposa une plainte entre les mains des autorités militaires allemandes. Le seul résultat de cette réclamation fut la réponse suivante du feldwebel Bœtsche, sous-offfcier de carrière prussien : « La sentinelle avait sa consigne. En tuant cet homme, elle a fait son devoir ».

* * *

Autre fait. Les sous-officiers ne travaillaient que s'ils en faisaient la demande écrite et signée. Ceux qui s'abstenaient de cette démarche étaient aussitôt soumis à un régime de rigueur. Une trentaine de sous-officiers russes refusèrent de signer quoi que ce soit. Ils furent amenés au camp d'Alten-Grabow fin mai 1916, isolés dans une baraque et condamnés à tourner en rond au pas gymnastique, sous prétexte d'exercice. Après quelques jours de cette vie, rompus de fatigue, affamés, — il ne faut pas oublier que les colis envoyés de Russie sont chose quasi inconnue et que, sans colis, c'est la famine, — les sous-officiers déclarèrent à l'officier chargé de leur surveillance, le Rittmeister Gärtner, commandant la IIIme Cie du camp, que l'effort exigé d'eux surpassait leurs forces. Les « rebelles », car c'est ainsi qu'on les nomma, furent enfermés dans la baraque affectée au séchage du linge. Entre autres choses, on leur interdit de regarder par les fenêtres surveillées de l'extérieur par des sentinelles... Après vingt-quatre heures de diète absolue, au moment où l'on sonnait la distribution de la soupe, un Russe affamé montra la tête à une fenêtre... Sans hésiter, la sentinelle épaula et fit feu. Le Russe fut tué sur le coup et un camarade si grièvement blessé qu'il expira dans la soirée.

La plainte, rédigée aussitôt par le médecin russe lieutenant-colonel Tarlet, et adressée à l'ambassade espagnole à Berlin, ne fut pas envoyée. Le Dr Tarlet en fut avisé par la « Kommandantur ». Il y eut tout de même une sanction à l'occasion de ce double meurtre: le capitaine remplissant les fonctions de major du camp, qui avait donné aux sentinelles l'ordre de tirer, fut puni de huit jours

d'arrêt. Motif : « se trouvait en tenue non règle-
mentaire au moment de la transmission d'un ordre
de service ». Le capitaine était en effet coiffé de
la casquette et non pas du casque ! Quant au colonel von Auer, commandant du camp, il fut élevé
au grade de général-major quelques jours tard.

LES TRAVAILLEURS LIBRES [1]

Le sergent J. Planchenault, du 72e d'infanterie, nous a remis le témoignage suivant :

« Dans la deuxième quinzaine de novembre 1916 arrivaient au camp de Meschede, Westphalie, où je me trouvais retenu comme prisonnier de guerre, plusieurs milliers de civils belges de tous âges : il y avait parmi eux des enfants de dix-sept ans et des hommes dans la cinquantaine. Sur un ordre des Kommandantur, qui leur avaient assigné un lieu de rassemblement sans leur donner le vrai motif de cette réunion, ces gens avaient été arrachés des villes qu'ils habitaient (Namur, Anvers, Liége, La Louvière, etc.) pour être dirigés sur l'Allemagne, afin de remplacer dans les mines et les usines la main-d'œuvre fournie jusque-là par des ouvriers indigènes qu'un ordre d'appel venait de mobiliser.

» Les Allemands donnèrent à ces convois embarqués de vive force la dénomination de « Détachements de travailleurs *libres* ». Or, dès leur arrivée, les Allemands parquèrent ces travailleurs « libres » dans une partie du camp nettement séparée du nôtre au moyen d'une haute barricade de planches, et ils leur intimèrent l'ordre de n'en sortir sous aucun prétexte, et surtout de ne pas communiquer avec nous. Puis les docteurs commencèrent à passer des visites dites « de santé » qui n'avaient d'autre but que de trier les sujets les plus robustes pour les travaux les plus pénibles, sélection extrêmement compliquée, à dire vrai, les hommes à examiner se trouvant soumis, depuis plus de deux ans, en pays occupé, à un régime alimentaire des plus précaires.

» Ces visites passées, l'autorité allemande demanda des volontaires pour le travail, insinuant que ceux qui accepteraient seraient largement payés et bien nourris.

» Il y eut quelques rares volontaires.

» Alors commença contre l'immense majorité des « grévistes » l'intimidation par la faim. A ces enfants, à ces hommes déjà débilités et dont beaucoup donnaient l'impression de nourrir déjà des germes de phtisie et de tuberculose, on servit en tout et pour tout deux soupes par jour; et, par soupes, j'entends la farine innommable délayée dans les baquets d'eau chaude qu'ont connue tous les camps de prisonniers d'Allemagne.

*　*　*

» La maladie eut tôt fait de terrasser ces malheureux et, chaque jour, nous assistâmes à plusieurs descentes de demi-cadavres à l'hôpital. Là, pas plus de nourriture qu'au camp, pas un médicament, pas un infirmier pour prodiguer des soins : le malade avait un lit et c'était tout. Je ne parle pas des médecins : il y en avait un pour visiter cinq baraques contenant chacune soixante lits environ. Sa visite consistait à passer dans une ou deux salles pour faire acte de présence. J'affirme qu'arrivant un jour auprès du lit d'un de ces malheureux mourant d'une sorte d'empoisonnement du sang, ce médecin refusa qu'on le découvrît sous prétexte que l'odeur qu'il dégageait était par trop nauséabonde et l'abandonna à son sort.

» Dans un terrain aussi bien préparé, la mort fit des ravages énormes. Chaque jour, du haut du camp, c'étaient un, deux ou même trois cercueils que nous voyions s'acheminer vers le cimetière. Cela dura de la mi-novembre 1916 à fin mars 1917. J'ai eu la triste curiosité d'examiner, à la morgue de l'hôpital, l'un des corps de ces pauvres gens, dont on avait ordonné l'autopsie sous je ne sais quel prétexte : ce corps était d'une telle maigreur que les os semblaient vouloir littéralement percer la peau.

» Voilà pour ceux dont l'état plus que précaire nécessitait une descente au lazaret. Pour les autres, qui pouvaient encore tenir debout, la vie au camp était peut-être pire encore. Beaucoup d'entre eux, du reste, avaient été dirigés de force sur des Kommandos de mines et d'usines. Le reste était parqué dans un enclos avec défense formelle d'en sortir. Pour faire respecter cette consigne, des sentinelles gardaient avec un soin particulièrement jaloux les palissades derrière lesquelles campaient les « travailleurs libres ».

» Un beau jour, las de se sentir talonné par la faim, l'un d'eux, sachant qu'il trouverait chez nous du pain, força la consigne et se hissa sur la palissade pour se laisser tomber dans le camp français. Ses camarades l'apprirent et beaucoup, les jours suivants, réussirent à imiter son exemple. Quand ils voulurent réintégrer leur enceinte, les crosses de fusils les attendaient qui frappèrent n'importe où, à la volée, pour punir les coupables de leur fugue.

» Mais comme, malgré cette menace, ces tentatives risquaient de se répéter chaque soir, je vis les sentinelles faire cette chose révoltante : elles se tapirent le long de la paroi extérieure de la barricade, s'effaçant le plus possible pour ne pas attirer l'attention, la pointe de la baïonnette en l'air, et, dans le plus grand silence, elles attendirent le gibier humain. Quand un malheureux, n'entendant aucun bruit, croyait avoir trompé la vigilance de ses gardiens et se laissait tomber du haut de la palissade, supputant à l'avance ses chances de récolter un morceau de pain, il était reçu sur une pointe de baïonnette et succombait le plus souvent aux suites de sa blessure.

» Si la baïonnette manquait son coup, la sentinelle épaulait et faisait feu sur le fuyard. Ces coups de feu devenaient tellement fréquents que, malgré l'horreur que nous causaient de tels procédés, l'un de nous avait appelé cette tuerie la chasse au lapin sans que ce mot ait jamais pu, en ces heures tragiques, éveiller le moindre rire.

» J'ai vu un sous-officier allemand sans armes — et qui paraissait le regretter — ramasser des cailloux et les jeter contre les malheureux qui osaient encore s'approcher des barrières.

« Comment exprimer la rage qui s'emparait de nous quand, la nuit, nous étions réveillés par les appels déchirants de pauvres gosses de dix-sept et dix-huit ans que des sentinelles assommaient à coups de crosses en les poussant jusqu'au corps de garde, où une nouvelle « schlague » leur était encore administrée ? Et j'ai vu, de mes yeux vu, deux officiers allemands, dont un ober-Professor, le capitaine Stiebeling, rire devant cet affreux spectacle. »

LES REPRÉSAILLES

DANS LE DUCHÉ DE BADE

En Suisse, je fis la connaissance d'un soldat du 152me d'infanterie, fameux régiment auquel ses exploits du Vieil Armand valurent la fourragère. Fait prisonnier le 22 décembre 1915, au soir d'une terrible bataille, Alphonse Gaillard connut comme tant d'autres les camps de représailles. Modeste, pondéré, d'une rare douceur, cet écrivain, que ses volumes de vers et de prose ont rendu populaire en Franche-Comté, m'apparut comme un témoin de premier ordre. Je le questionnai. Mis au courant de mon projet, il voulut bien me conter en détail ses vingt et un mois de captivité. J'entends encore sa voix si pleinement sincère. Je vois encore ses yeux au regard si droit. Ligne après ligne, il a relu les pages qui vont suivre et il est prêt à témoignagner de leur vérité absolue. Conformément à leur méthode, les Allemands pourront nier, ergoter, chicaner sur un détail. Peine perdue ! De nombreux témoins, dont j'ai les noms, se lèveront pour crier la vérité.

*　*　*

Au début d'avril 1916, Gaillard est à Mannheim.
Il y assiste à une arrivée de prisonniers russes.

« Les Russes rentrent de notre front où ils ont
été envoyés en représailles. Les voici. Il fait un
temps splendide. Pendant la nuit on a fait passer
leurs loques dans les appareils de désinfection et
maintenant ils regagnent leurs compagnies, vêtements en lambeaux, boueux, crasseux, les orbites
creuses, les joues hâves, la peau ridée, le nez
effilé, la bouche entr'ouverte. Ils avancent lentement, tombant à tout instant de faiblesse dans les
chemins du camp. Les sacs noirs qu'ils portent en
bandoulière, les hauts bonnets d'astrakan dont
presque tous sont coiffés, donnent à ces squelettes
vivants un aspect tragique. Derrière eux, les poussant et les bousculant, riant de leur misère, inac-
cessibles à la pitié, les gardiens.

« Arrivés dans leurs baraques, les Russes s'étendent sur les paillasses : c'est tout ce qu'ils ont le
courage et la force de faire. Emus, les Français
leur apportent des morceaux de pain, des conserves littéralement dévorées. Les malheureux remer-
cient en faisant des signes pieux ou en baisant la
main de leurs camarades. Ceux qui savent à peu
près le français racontent qu'ils sont restés de longs
mois sur le front français, qu'ils y ont creusé des
tranchées, des boyaux, posé des réseaux de barbelés, installé des voies de chemin de fer, qu'ils y ont

été brutalisés, qu'ils y ont souffert de la faim et du froid et que nombre d'entre eux y sont morts d'inanition ou ont été tués par nos projectiles ».

*   *   *

Dès avril 1916, avec tout un détachement d'étudiants, de professeurs, d'instituteurs, de fabricants, de directeurs d'usine, Gaillard est envoyé à son tour en représailles près de Forbach, dans la vallée de la Murg (Pays de Bade). Là, tous ces hommes, contraints au travail, manient la pelle et la pioche, la masse à casser les pierres, jusqu'à ce que les mains saignent. Des gardiens tournent en rond autour de ces intellectuels mués en terrassiers, en cantonniers, les injurient à la moindre défaillance. L'un de ces gardes-chiourme, mécontent du travail de l'étudiant J. se rue sur lui, le saisit à la gorge, lui imprime ses ongles dans la chair jusqu'à ce que le sang jaillisse.

Voici une des variétés de ces travaux forcés :

Une profonde tranchée est creusée pour la construction d'un mur en béton. Des charpentiers ont édifié un échafaudage à plusieurs étages. Sur chacun de ces étages, deux prisonniers armés de pelles. Tout en bas, deux terrassiers allemands, terrassiers de métier, vrais colosses, jettent la terre à l'étage supérieur. D'étage en étage on se passe la lourde glaise... Or, les prisonniers n'ont jamais manié la pelle de leur vie. Pour tenir tête aux colosses, ils s'épuisent en efforts fébriles. Et cela dure sans arrêt, des heures et des heures. Les Français peinent dans une détresse qui confine au désespoir. Ils savent en effet qu'à la moindre défaillance, qu'au moindre retard, la prison ouvrira ses portes. Là-haut, au bord de la tranchée, il y a les sentinelles, le contremaître, et les injures pleuvent, les *Herr Gott Sakerment*, les *Schweinhund* et les *Lausbube*...

Journées d'enfer. Le soir venu, on pouvait rencontrer sur le chemin du cantonnement les malheureux « intellectuels », courbaturés, les mains couvertes d'ampoules, titubant de fatigue, courbés comme des vieillards, si maigres, « qu'on ne voyait guère que les yeux dans la figure ».

D'autres équipes travaillent dans la boue jusqu'à mi-jambe, ou cassent de durs cailloux, à genoux sur le sol, dix et douze heures par jour. Pour se rendre aux W.-C. de fortune, une permission est nécessaire. Cinq minutes !... Sont-elles dépassées de quelques secondes, une sentinelle accourt qui ouvre la porte sans façon et menace de la crosse.

On se lève en pleine nuit, à 4 $^1/_2$ heures du matin. Courant dans les cantonnements, les gardiens jettent des *aufstehen* à réveiller des morts, précipitent sur le plancher les dormeurs au sommeil de plomb. Un hâtif déjeûner, un jus jaunâtre et tiède. Départ ! Bientôt les équipes sont en place qui gâchent du mortier, et cela sans un instant de repos, avec la meute aboyante des sentinelles sur les talons. Une cigarette allumée, un geste lassé et c'est la prison.

A telle enseigne que beaucoup de représaillés trouvaient naturel d'être enfermés du samedi soir au lundi matin. Qu'on se représente ces semaines ! Le travail forcé, abrutissant, jusqu'à épuisement des forces, la prison, et de nouveau le travail, et cela sans fin. Sans fin ? Non, douze mois, d'avril 1916 à fin mars 1917, mais quand on ignore pour combien de temps on est dans la trappe, on peut dire *sans fin*. C'est l'impression qui vous serre la poitrine.

Douze mois !... L'été, la chaleur implacable au fond des fossés, des tranchées, dans la carrière surtout où le soleil concentre ses rayons et brûle la pierre. C'est alors la fournaise. Sans arrêt, la bouche entr'ouverte, la gorge contractée, accroupi sur un tas de pierres, il faut lever la masse et frapper, frapper, frapper jusqu'au soir. De fatigue, d'insolation, il en est qui s'évanouissent.

L'automne ; les pluies qui transforment fossés et carrières en un effroyable marécage. Et il faut patauger la-dedans avec des souliers éculés dont les semelles bâillent, car on ne veut pas les remplacer. Aux réclamations, cette seule réponse : *Arbeit ! Arbeit !*

Et l'hiver ! A l'aube, sous la bise qui cingle et mord, les représaillés se mettent en route. La carrière est sous la neige. Certain jour, le thermomètre marque 25° au-dessous de zéro. Malheur à ceux qui ont l'imprudence de saisir les pierres sans gants (des gants fabriqués la nuit, par les Russes, pour le salaire de quelques biscuits) : la peau reste collée au bloc de granit. Le froid est si terrible qu'il n'y a qu'une alternative : ou geler sur place ou frapper de la masse en fous furieux, pour maintenir la circulation du sang. Et toujours et partout, les injures des gardiens que l'*unter-offizier* surveille, et qui savent qu'ils ne doivent qu'à leur brutalité, à leurs hurlements, de ne point être envoyés sur le front.

La vie du représaillé? « C'était fou ! dit textuellement Gaillard. Travailler au point qu'on ne sait même plus si l'on existe, se précipiter au coup de sifflet pour manger sa pitance, se précipiter de nouveau, sur un nouveau coup de sifflet, empoigner sa pioche, sa masse, et piocher et casser des cailloux dans une sorte d'hallucination fièvreuse ; puis rentrer en colonne, sans un mot, tête basse, espérer un colis parce que sans lui c'est la famine, s'écrouler sur sa paillasse et dormir comme un mort à moins que les poux ou le froid ne vous persécutent. Telle fut notre vie durant trois cent soixante jours... Un an !... Non, une éternité ! »

** * **

Puis Gaillard fut envoyé à Raumünsach pour travailler au percement d'un tunnel de quatre kilomètres de longueur.

Les prisonniers pénètrent dans le souterrain, suivant tant bien que mal la lanterne du chef de file. Flaques, excavations, ruisseaux tombant en douche. On heurte traverses et vagonnets. En arrière un contre-maître qui chasse ce bétail devant lui en hurlant des *Vorwärts* que la voûte répercute. A l'avancement, les mineurs armés de tarières. Dans la poussière et la fumée qui pénètrent jusqu'aux poumons, on charge les vagonnets de débris, on les pousse, interpelléspar les gardiens debout dans des sortes de niches. « Plus vite !... Plus vite ! » est le cri cent fois entendu. De temps en temps on reflue à l'entrée du souterrain. Une formidable explosion. Dans la nuit noire, car les lampes se sont éteintes, avant même que les gaz se soient dissipés, il faut revenir à l'avancement pour attaquer le tas de pierres brisées. Ruisselant d'eau et de sueur, dans le froid humide, puis dans la chaleur d'un travail tyrannique, infernal, on soulève les blocs, on pioche, on manie la pelle. « Plus vite ! Plus vite !... » Combien de Français, de Russes, furent victimes d'accidents, de fluxions de poitrine ! Une caisse et une croix noire !

« J'entends encore, dit Gaillard, la voix plaintive des pauvres Russes qui gémissaient entre deux coups de pioche : Kaput !... Kaput ! »

Au Kommando Freitag, une sentinelle casse le bras d'un Français d'un coup de crosse. Sur le chantier du Kommando Krappe, en automne 1916, un contre-maître se précipite sur un prisonnier qui cesse de travailler un instant, l'injurie, le frappe, puis, dans un accès de fureur, se saisit d'une hache et la lui abat sur le crâne. « Je me trouvais à cet instant sur le chantier. *J'ai vu* emporter la victime ensanglantée. »

Pour avoir une idée exacte des représailles de Forbach, il faut encore parler des baraques — qu'aucun neutre ne fut admis à visiter — où s'entassaient les prisonniers, leur journée achevée. Celle du Kommando Holzmann (du nom de l'entrepreneur) dont Gaillard fit partie pendant plusieurs mois, bicoque en briques, abritait (?) soixante-dix Russes et Français si serrés qu'il était quasi impossible de circuler. Quelques lits seulement, occupés par les plus chanceux. Pour les autres une planche et un peu de paille. Une odeur nauséabonde s'échappait des cabinets installés dans le dortoir même (un simple tonneau, rarement vidé, dont le contenu se répandait le long de la baraque). Défense absolue, le dimanche, de sortir du dortoir, d'aller chercher dans la cour un peu d'air pur. A toutes les issues, pour faire observer la consigne, des sentinelles armées. Ah ! ces dimanches ! Ces soixante-dix hommes entassés dans cette puanteur, assis sur leur planche, attendant dès six heures du matin que la nuit tombât ! Et devant eux la perspective d'une semaine de bagne...

* * *

Mais il arrive que ces hommes, quand on les évacue, à bout de forces, sur quelque hôpital, rencontrent plus pitoyables qu'eux-mêmes.

« Ah ! les Roumains, malheureux entre les malheureux ! Il y en eut un certain nombre en novembre 1916 à l'hôpital de Rastatt.

» Après la débâcle de l'armée roumaine, des milliers de prisonniers roumains furent envoyés sur le front d'Alsace pour y creuser des tranchées. Ils y ont souffert tout ce qu'il est possible de souffrir. Les rescapés, à l'hôpital, sont dans un tel état d'affaiblissement qu'on ne peut rien imaginer de plus affreux. N'ayant plus la force de bouger, atteints de dysenterie, quelques-uns souillent leurs lits. Ceux qui peuvent faire quelques pas se traînent, vrais fantômes, jusqu'aux W.-C. Ils n'y parviennent pas toujours et c'est un spectacle inouï que de voir ces loques humaines s'effondrer sur le plancher, le salir, et rester étendus dans cette infection.

» Je revois encore les prisonniers roumains à Mannheim, au printemps 1917, très peu après notre retour des représailles. Il en meurt tous les jours. Ceux qui peuvent se tenir debout sont enfermés dans un « bloc », occupés à des corvées de nettoyage. Ils font pitié. En réalité ce ne sont plus des hommes. Le visage n'a plus rien d'humain si ce n'est de grands yeux douloureux au fond des orbites, de grands yeux profonds, très doux, qui ont vu tant de choses abominables qu'ils se révulsent parfois d'horreur et regardent ailleurs, on ne sait où ! Ces yeux des Roumains à l'agonie, je ne les oublierai jamais !

» A l'heure de la visite médicale, les voici, ces Roumains, en colonne par quatre, se soutenant les uns les autres par le bras. Beaucoup sont blessés. Ils gémissent quand leurs pieds ensanglantés reposent à terre. Ils s'acheminent vers l'infirmerie. Et les gardiens armés osent encore pousser ces ombres d'hommes, les menacer, les frapper. On traiterait mieux un troupeau de bétail ! Il semble qu'on a décidé de faire périr tous ces infortunés. Combien, déjà, ont été descendus dans le trou ?

» A toutes les souffrances qui rongent les Roumains prisonniers, il faut ajouter la faim, l'abominable faim qui les tenaille. La nuit, au risque de se faire fusiller, les moins moribonds, si l'on peut dire, coupent les fils barbelés, se glissent dans le « bloc » des prisonniers français pour demander, pour implorer une croûte de pain. Oh ! ces supplications silencieuses, autrement éloquentes que la parole ! Ces Roumains nous regardaient seulement. Souvenir affreux ! Affamés, nous aussi, nous donnions ce que nous pouvions donner. Trop peu, hélas ! Alors les voici, ces Roumains, qui profitent des corvées de la journée pour se glisser vers les tonneaux où se figent les résidus de soupe destinés à la nourriture des porcs du camp. De cette pourriture ils emplissent leurs gamelles de fer qui ne les quittent pas, et ils mangent, ils mangent... Les sentinelles allemandes qui ont la consigne d'empêcher les prisonniers de se gaver de cette pourriture sont obligées de frapper, mais sitôt qu'elles ont le dos tourné, les Roumains, les lèvres découvrant les dents, se précipitent à nouveau sur les tonneaux. Les voici encore fouillant dans les tas d'ordures qu'ils ont la tâche de faire disparaître, dévorant les débris corrompus qu'ils y trouvent. Les voici enfin devant un tas de boîtes de conserves vides. Ces boîtes sont là depuis des semaines. Il n'importe! Rongés vivants par la faim, les Roumains, de leurs couteaux, râclent le fond de ces boîtes, lèchent ces graisses pourries et verdâtres... Combien en sont morts, après d'horribles souffrances?

» Je me suis promis d'éviter les paroles violentes. Je livre ces faits, dont je fus cent fois le témoin, à l'appréciation de ceux qui ont encore un cœur dans la poitrine. Ce sera ma seule vengeance. »

UN MASSACRE

Les Russes que Gaillard avait vus, à Mannheim, rentrer des représailles sur le front français, en si pitoyable état, furent occupés à des travaux agricoles d'avril à octobre 1916, époque à laquelle ils furent rassemblés de nouveau à Mannheim et parqués derrière les barbelés d'un bloc. C'est un jour de la fin de ce mois d'octobre 1916 que se place une scène qui recule les bornes de l'horreur dans la lâcheté! Cette scène de meurtre, tous les prisonniers du camp en ont eu les affreux échos, des centaines en furent les témoins indignés, mais impuissants. Nous avons retrouvé en Suisse plusieurs de ces témoins, entre autres le sergent Bourgeois, du 152e d'infanterie, dont les récits sont absolument concordants. Ces témoins ont lu et jurent exact le récit écrit par l'un d'eux. Le voici :

« Un *feldwebel* rassemble les Russes et leur annonce brutalement qu'ils repartent sur le front français le lendemain matin. Les Russes murmurent, mais s'en tiennent là. Le lendemain matin, l'ordre de départ donné, les Russes restent immobiles. Nouveaux ordres des sentinelles et des sous-officiers. Même immobilité. Menaces, coups de crosse. Les Russes ne s'ébranlent toujours pas. Les Allemands les font alors rentrer dans leurs baraques où ils sont étroitement enfermés et privés de nourriture. Le lendemain, l'ordre de départ est réitéré. Immobilité des Russes, nouvelles brutalités des Allemands. Deux jours durant, les Russes opposent à leurs ennemis la même force d'inertie.

» Le troisième jour, au rassemblement du matin, une dernière fois on ordonne aux prisonniers de prendre le chemin de la gare. Cris effroyables, coups de crosses, coups de pied. Soudain, comme à un signal, les Russes se couchent à plat ventre sur le sol. Aussitôt les Allemands courent aux cuisines, en apportent des seaux pleins d'eau bouillante et arrosent à larges ondées leurs victimes qui poussent des cris à fendre l'âme. Enfin voici les Russes debout, mais toujours immobiles. Soudain furieux, comme fous, les Allemands téléphonent au poste de garde. Le groupe de piquet traverse le camp en courant, à une allure de bêtes sauvages, brandissant les fusils, criant : «Hurrah! hurrah!» Des officiers courent derrière, rouges de fureur. Vociférations, cris inarticulés, gestes menaçants ; les baïonnettes sont croisées à quelques centimètres de la poitrine des prisonniers qui restent immobiles comme des statues, puis se couchent encore. Alors, c'est horrible! Les officiers, ivres de colère, ordonnent à leurs soldats de frapper dans le tas. Aussitôt, de la crosse, de la baïonnette, ils frappent ! Un vieux landsturmien empoigne son fusil à deux mains par le canon, assomme les Russes couchés. Devant lui le sang coule dans la cour, les blessés gémissent, quelques-uns agonisent. C'est fini. La résistance est vaincue. Hagards, affolés, les Russes se lèvent, prennent le chemin de la gare en laissant derrière eux morts et blessés. Dix morts et une cinquantaine de blessés, pour autant que nous avons eu le sang-froid de les compter.

» Pendant ce massacre, une immense clameur s'élève dans tout le camp. Assassins ! Barbares ! Vandales ! crient Français, Anglais et Belges. Tous sont chassés dans les baraques. Sera fusillé qui osera mettre la tête à la fenêtre. Du fond des baraques, nous regardons pourtant les Russes qui s'éloignent.

» L'un d'eux, blessé, boite, s'arrête. Un officier le pousse, le frappe du plat de son sabre nu sur l'épaule. Au bout de forces, le Russe s'accote contre un poteau. L'officier hurle un ordre en appuyant la pointe de son épée sur le flanc de sa victime... Un cri sauvage !... L'épée est entrée profondément dans le corps, maintenant étendu à terre, agité de soubresauts. Dédaigneux, d'un geste l'officier commande à deux sentinelles d'emporter le moribond.

» De cette scène effroyable, 4 à 500 prisonniers furent les témoins impuissants. Beaucoup en pleurèrent de colère et de pitié. »

DANS LA ZONE BOMBARDÉE

Représailles de la Somme

(Février-juin 1917, Kommando IX.)

Notre ami Gérard, caporal au 10me bataillon de
chasseurs à pied, celui-là même qu'une sentinelle avait frappé à coups de crosse alors que nous
campions sur les bords de la Baltique, fut envoyé
en représailles, plus tard, sur le front français de
la Somme. Nous l'avons retrouvé en Suisse. Voici
le récit de ce qu'il a vécu dans la Somme :

* * *

Dès janvier, des rumeurs courent notre camp.
Les Allemands « organisent » de nouvelles représailles. Celles de Russie, de sinistre mémoire, ne
leur ont point suffi ! Le moment paraît bien choisi
car il fait un froid sibérien.

Passons sur la période d'incertitude. Certain
jour, en présence du camp rassemblé, le détachement est constitué : étudiants, ingénieurs, indus-
triels, commerçants, professeurs, quelques autres,
de professions non libérales, contre lesquels les

Allemands ont à assouvir une vengeance. Départ immédiat.

Froid terrible. Le train roule à travers la plaine glacée. Koblenz. Le Rhin charrie d'énormes glaçons, et la Moselle est gelée. Nous passons la nuit à Aix-la-Chapelle où quelques camarades audacieux forcent la porte d'un vagon et disparaissent dans la nuit. Ont-ils atteint la Hollande? Sont-ils tombés sous les balles des sentinelles ? C'est ce que j'ignore encore actuellement.

La Belgique où l'on nous salue et nous sourit ; la France, enfin, notre pauvre patrie ensanglantée et ravagée. Le képi à la main, nous chantons une *Marseillaise* telle que des gens accourent, affolés, les yeux écarquillés, se demandant si c'est déjà la délivance. Les baïonnettes à dents de scie et notre accoutrement les renseignent.

Maubeuge. Ceux qui, comme moi, ont tâté des représailles de Russie, savent par expérience que nos maîtres du moment s'entendent à faire souffrir, trouvent des raffinements toujours nouveaux. Naïfs, nombre de camarades qui ont joui dans les camps normaux de nombreuses faveurs, d'une relative tranquillité, se refusent à croire qu'on nous mène sous les obus. Les vétérans des représailles se bornent à répondre :

— Vous verrez !...

Grondement du canon. Le jour pointe. Nous reconnaissons Cambrai. Et nous voici sur route, à pied, marchant vers les lignes allemandes, en longue colonne, chacun portant sur soi toute sa fortune, quelques-uns mêmes attelés à de petits traîneaux fabriqués avec les caisses des colis. Le bruit du canon se rapproche. Dans la rumeur on distingue maintenant l'éclatement des coups. Bientôt, à Ervillers, nous voyons tomber les obus à quelques centaines de mètres devant nous.

* * *

Aucun cantonnement n'a été préparé. On nous pousse de village en village. Le troupeau va, vient, reflue, en lamentable cortège. On finit par nous loger, si l'on peut dire, à la nuit tombée, dans une sorte de grange. Entassés, nous nous étendons, à même le sol boueux. De paillasse, paille ou varech, pas trace. Et nous avons marché toute la journée, sans rien manger, la dernière soupe ayant été distribuée la veille au soir ! Les plus entreprenants gagnent des sortes de grillages fixés aux parois de la grange et superposés, grillages presque partout défoncés et dont il ne reste que les barres de soutien, vestiges d'un « dortoir » pour prisonniers russes. Depuis quelques jours sans pâture, la vermine se réveille et nous dévore. Mais telle est notre misère que je dors d'un sommeil profond sur ces tiges de fer qui m'entrent dans le corps. Simple détail. Nous en avons vu, nous en verrons bien d'autres !

Par représailles nous étions privés de lumière. On se couchait donc et se levait à tâtons, tombant

sur les camarades, piétinant et égarant ses effets.
De toilette, il ne pouvait être question, le peu d'eau
que la corvée était autorisée à tirer d'un puits étant
à peine suffisante pour la soupe du soir et le café (?)
du matin. Pour se laver la figure une fois tous les
trois ou quatre jours il fallait des ruses d'apache,
une volonté tenace que le froid humide, la fatigue,
une sorte d'hébétude perpétuelle, de misère céré-
brale ne contribuaient pas à fortifier. Nous fûmes
bientôt dans un état d'indescriptible saleté, avec
nos teints gris ou verdâtres, nos barbes décolorées,
nos vêtements en lambeaux dont la boue qui les
recouvrait d'une sorte de carapace ne séchait
jamais. Et nos gardiens veillaient soigneusement
à ce que cet état empirât de jour en jour.

* * *

De sept heures du matin à six heures du soir,
sans jamais manger ou boire quoi que ce soit de
chaud, sous la surveillance de nombreuses sentinelles dont les fusils se braquent constamment
sur nous, nous creusons des tranchées, des sapes,
des boyaux, nous plaçons des fils de fer barbelés.
Besogne abominable, répugnante ! Car enfin, les
nôtres sont à quelques kilomètres et c'est contre
eux que sont creusées ces tranchées !... Le moindre refus de travail ou sabotage est puni avec la
dernière rigueur. *J'ai vu* rouer de coups de canne,
de crosse, de cravache, au point de les jeter à terre,
assommés, des camarades qui refusèrent de pren-

dre la pelle ou la pioche. *J'ai vu*, et combien de fois! des camarades attachés avec des fils de fer à des arbres, à des poteaux téléphoniques, rester là, dans l'impossibilité de faire un mouvement, des journées entières et cela par un froid cruel. *J'ai vu* des camarades devenir rouges, puis blancs, puis violets, exsangues, s'évanouir, enfin, sans que ce spectacle inouï arrachât à nos bourreaux, soigneusement triés, le moindre geste de pitié.

Pauvres esclaves que ces soldats allemands! Ils sont *exactement* ce que sont leurs officiers et surtout leurs sous-officiers qui les rudoient et les dressent. Soumis comme des chiens battus. Bons, parfois, et brusquement ignobles par ordre, cruels jusqu'au sadisme par ordre. Un galon? les talons claquent, tous les talons; et une seule réponse: *Zu Befehl!...* Or nos gardiens sont placés sous le commandement de six sous-officiers prussiens venus de première ligne pour occuper ce poste de choix. Ces sous-officiers sont armés d'une énorme cravache; ils ont la consigne formelle, ils nous l'ont dit, « d'agir avec une énergie toute particulière », ce qui signifie quelque chose. Un exemple entre cent : *Personne ne peut être reconnu malade.* C'est l'ordre! Les malades sont portés sur le terrain, c'est l'ordre! Malheur à celui qui est atteint de fièvre, de dysenterie ; le règlement le condamne à rester toute la journée dehors, au froid, couché sur le sol, sans pouvoir recourir aux soins d'un médecin ou d'un camarade au travail. C'est l'ordre!

* * *

Ce régime ne nous domptant pas assez vite, on trouve des raffinements : on nous garde sur le terrain de travail longtemps après six heures, sous prétexte d'appel nominal. Nous restons souvent là une heure, ramassés sur nous-mêmes, affamés à nous tenir le ventre à deux mains, claquant des dents, tremblant de froid. Arrivés au cantonnement, on nous supprime les couvertures sous prétexte que nous ne nous sommes pas rassemblés assez vite le matin. La moindre réclamation est payée d'une peine sévère... Ces couvertures, on nous les rend, mais bientôt des troupes allemandes cantonnant à Ervillers se les approprient. Le froid est tel que, durant la nuit, des camarades sanglotent tant ils souffrent, tant ils ont d'engelures aux mains, aux pieds, aux oreilles, tant leurs pieds sont gonflés.

Comme nourriture : matin, café ; soir, soupe à l'orge ou au rutabaga, rarement un peu de viande ou de marmelade ; un pain réglementaire allemand pour quatre jours. Notre faim était telle que nous dévorions souvent ce pain en un seul repas, après quoi nous devions vivre durant quatre jours sans pain. Aussi beaucoup d'entre nous tombaient-ils d'inanition, vraies loques humaines, étranges êtres sans âge ayant tout juste la force de rentrer au cantonnement, le travail terminé. A peine arrivés à la baraque, ils se jetaient sur leur pitance avec un désespoir farouche, disputant leur part aux camarades logés à la même enseigne. Un soir, un seau de marmelade apporté par une voiture de ravitaillement ayant crevé et s'étant répandu sur le chemin boueux, une bande d'affamés se rua, se bouscula autour de cette mare douteuse, l'épuisant à pleines mains, avalant boue et marmelade.

Aucun colis. Aucune lettre. Aucun mandat. Ce total isolement à moins de six kilomètres des siens !... Quelques uns d'entre-nous ayant de petites réserves d'argent apportées du camp, par l'intermédiaire d'un gardien vénal on pouvait exceptionnellement se procurer une boule de pain pour 4 ou 5 marks, une livre de mauvaise saucisse noirâtre pour 10 marks. Quant au fil, lacets et boutons, de la ficelle d'emballage et des morceaux de fils de fer en tenaient lieu. Heureux les camarades qui avaient réussi à cacher dans un coin de leur baluchon quelques morceaux de savon. Un de ces morceaux s'échangeait contre quatre boules de pain...

Mais nos gardiens venant fouiller dans nos sacs pendant que nous étions au travail, nous dûmes emporter chaque jour sur nous ce que nous tenions à conserver. Il arrivait aussi que les rares civils demeurés dans la zone de bataille cachaient dans les buissons, au bord du chemin que nous suivions, des cornets de riz, des légumes secs, des pommes de terre. Nous déterrions aussi, dans les champs laissés à l'abandon l'année précédente,

des carottes, des topinambours, mangés glouton-
nement sur place. Le printemps venu, le pissenlit
nous fut aussi une ressource, cuit avec la soupe,
feuilles et racines. Aux jours de détresse, j'ai vu
des camarades fouiller les tas d'ordures des
maisons abandonnées dans l'espoir d'y trouver
quelque débris rarement comestible, puisque toujours gelé et à demi pourri. Plusieurs en eurent
d'épouvantables nausées.

* * *

Nous sommes dans le pays légèrement vallonné
de la Somme, aux environs de Bapaume. Alternative de temps sec et d'humidité. Boue épaisse, col-
lante, où l'on enfonce fréquemment jusqu'à mi-
jambes. Nous aménageons, dans un véritable
cloaque, une immense tranchée qui va de Behagnies jusqu'au-delà d'Ervillers, agrémentée de
boyaux latéraux où l'on se cache en vitesse quand
pleuvent les obus. Il va sans dire que nous nous
ingénions à saboter ce travail sacrilège. Quand les
obus nous ont dispersés, il est bien difficile de
nous réunir à nouveau et comme par hasard des
boisages cèdent, des mètres entiers de tranchées
s'effondrent. Les corvées d'eau s'égarent. A côté
des malades trop réels, dévorés par la fièvre, tourmentés par la dysenterie, il y a les malades par
simulation portée à un degré de perfection rare.

Parfois, quand le froid est trop cruel, nous nous
risquons à allumer de petits feux dans les tran-

chées pour faire bouillir de l'eau dans des gamelles ou des seaux ramassés dans les villages détruits. Un peu calmés par les obus — quand ils arrivent, leur fuite est encore plus précipitée que la nôtre — nos gardiens laissent faire, jusqu'au jour où un officer survient à l'improviste, hurle, nous qualifie de Schweinhund et de bande de truies (Saubande). Les sentinelles se précipitent, détruisent les feux à coups de pieds.

Et chaque soir c'est la même heure atroce. On s'est couché dans la nuit ; tremblant comme la feuille, on grelotte. Personne ne se dévêt, naturellement. Personnellement, je suis resté des semaines sans ôter d'autre vêtement que ma veste que j'enroulais autour de mes pieds froids comme un bloc de glace. On finissait par dormir à force d'abrutissement et de faiblesse.

Autre heure atroce, le réveil. Nos gardiens sont alors d'une humeur massacrante. Hurlements. C'est à coups de crosse et de cannes qu'on nous fait sortir de la grange. Titubants de sommeil, transis, pareils à des bêtes chassées de leur tanière, nous défilons devant des inspecteurs qui nous comptent et nous groupent par équipes de cent hommes. Et nous voici partis, toujours dans la nuit, car nous avons des kilomètres à faire pour gagner le « chantier » qui est à Miraumont ou à Sapignies, particulièrement bombardés. Fréquemment, nous sommes en place une heure trop tôt et nous attendons, tassés comme un troupeau de moutons, battant la semelle, que les soldats du génie allemands qui dirigent les travaux consentent à apparaître.

* * *

Tous les jours des camarades tombent malades, rongés par la dysenterie, courbés par des douleurs aiguës. Sous prétexte qu'on laisse, en France, « crever » les prisonniers allemands, on nous refuse tout secours médical, tout médicament. Des moribonds sont évacués dans les hôpitaux de l'arrière où nous apprendrons plus tard qu'ils sont morts d'épuisement. C'est l'enfer.

Cependant les aviateurs alliés viennent fréquemment nous distraire. Des combats se livrent au-dessus de nos têtes, et c'est tantôt un Allemand, tantôt un Anglais qui s'abat sur le sol, s'écrase dans la boue. Souvent éclatent de formidables feux de barrage contre les escadrilles alliées. Comme nous sommes en avant des pièces allemandes, les éclats d'obus pleuvent. Riposte des Anglais et nous voici entre deux feux, les obus sifflant et éclatant un peu partout tandis que nous sommes aplatis, côte à côte avec nos gardiens, au plus profond des sapes.

Quelques jours avant notre départ d'Ervillers, le combat devient intense. Les Anglais poussent terriblement. Toute la nuit il nous est impossible de dormir. La terre tremble... Comme on a disposé des dépôts de gros obus dans notre immédiat voisinage, nous ne sommes pas sans inquiétude. Si l'un de ces dépôts vient à sauter, pas un de nous ne restera vivant. Or les Anglais les ont repérés, ces dépôts, et de gros obus tombent avec un bruit terrible d'écrasement. Un de nos surveillants, un sous- officier bedonnant, est pris d'une terreur panique. Si les Anglais avancent, il sera massacré, c'est sûr. Et le voici qui devient plat, obséquieux, qui nous offre du tabac, espérant que nous lui serons un paratonnerre à la minute critique. Commandé pour une « mission d'honneur » (Ehrenkommando), il s'aperçoit un peu tard qu'on l'a dupé, que la situation se fait infernale, et il est grotesque à force de louches prévenances.

* * *

...La « retraite stratégique » d'Hindenbourg se prépare. En hâte, comme saisis d'une frénésie, les Allemands pillent, saccagent, incendient, pulvérisent à la dynamite villages et bourgs, scient les arbres fruitiers et aussi les arbres magnifiques qui bordent la route nationale Nº 37, font sauter les églises et les ponts. Partout la dévastation. Vivre au milieu de cet accès de démence est quelque chose d'inouï. A Behagnies, à Ervillers, à Mory, nous sommes les témoins directs de la mort du pays et nous savons par le bruit des détonations, par les lueurs d'incendies, qu'il en est de même loin à la ronde. On ne peut se représenter ces scènes de sauvagerie. Il faut, c'est l'ordre, que plus rien ne vive dans la nature, qu'un désert apparaisse. Que va-t-on faire de nous ? Nous nous le demandons avec une réelle angoisse. On affiche enfin ces quelques lignes : « Les prisonniers sont avertis qu'ils vont avoir à effectuer des marches longues et pénibles. Tout prisonnier ne devra emporter que ce qu'il peut prendre sur son dos. Alléger ses bagages le plus possible. Tout prisonnier qui ne pourra suivre la colonne devra abandonner ses affaires sur la route. Chacun devra se munir d'un outil. »

Deux jours plus tard, nous nous mettons en route par St-Légier, Bullecourt, Cagnicourt, Villers-les-Cagnicourt. Nous arrivons à une sucrerie, à mi-chemin entre Arras et Cambrai. Cette étape fut pénible. Un malade tombe de fatigue. On le contraint à déposer son bagage sur la route, puisque telle est la consigne, soit une caissette qu'un sous-officier, en riant, brise à coups de pied... Partout nous rencontrons des convois emportant en Allemagne la fortune du pays saccagé. Nous nous garons sans cesse dans les prés marécageux pour laisser passer les voitures chargées du « butin ».

*   *   *

La sucrerie est immense. Par le toit béant, il pleut à l'intérieur. Par les ouvertures privées de leurs fenêtres, le vent passe... Les Allemands occupent tout ce qui est à peu près en état. On laisse le reste aux prisonniers dont quelques-uns se nichent dans les foyers des chaudières, dans les tubes des bouilleurs, dans les malaxeurs et les cuves. Le plus grand nombre s'installe où il peut, à l'écurie, sous des hangars (un toit sur quatre piliers), dans le souterrain de la grande cheminée remplie de suie. Un camarade campé dans ce souterrain en sort si noir qu'on le baptise « le roi nègre ».

Mes amis et moi, nous logeons dans le four à chaux, qui devient un domicile assez habitable grâce au feu de bois que l'on y entretient. Le four contient un bas-flanc, la chambre à coucher ; le reste sert de salle à manger, mais surtout de cabine de bain car il y pleut comme sur la route... Pour lutter contre l'humidité qui suinte de partout, un feu, donc, dont la fumée traîne et nous étouffe. Tant pis ! Tour à tour, car la place est restreinte, on se glisse autour de ce foyer. Comme je comprends que nos lointains ancêtres aient adoré le feu ! C'est lui, lui seul qui nous fait vivre dans ces heures de détresse. Nous nous chauffons et nous éclairons à sa flamme, nous le vénérons. Ce point brillant au sein de la fumée est la seule chose qui nous attache à la vie, nous rappelle le passé.

La cour de la sucrerie mérite le nom de marécage. Pour ne pas s'y enlizer, il convient de connaître les passages, les gués. De « feuillées », point. Tout le monde souffrant de dysenterie, cette cour présente à chaque pas des traces non équivoques de l'épidémie qui nous tourmente. Et toujours la canonnade, un infernal sabbat, les arrivées, les départs des obus, le ciel, que nous contemplons par les fissures du four, la nuit, éclairé de mille lueurs, de mille tremblements lumineux, d'éclairs étranges. Et parfois une détonation plus profonde, un ébranlement du sol, quelque dépôt d'obus qui vient de sauter.

Désormais nous partons au travail entre une et trois heures du matin. On trébuche, on se cogne, on s'étale de son long dans la boue, on choit au fond d'un trou, et ce n'est qu'après un long temps qu'on franchit les cinq kilomètres qui nous mènent entre Croisilles et Riancourt, où pleuvent les marmites anglaises, tandis que les 105 tirent dans notre dos. C'est pis encore qu'à Ervillers. Dix fois par heure, le détachement entier se jette dans la boue ou s'égaille à toutes jambes, les sentinelles courant plus vite que quiconque sous prétexte de rabattre ceux qui fuient autant le travail que les marmites. Un jour, une sentinelle injurie furieusement un Français couché dans une sape, empoigne sa pelle abandonnée pour montrer comment on travaille sous les obus anglais... quand un éclat coupe le manche de cette pelle en deux tronçons dans les mains du bonhomme. Fuite éperdue du héros vivement aplati à côté de celui qu'il injuriait.

Certain matin, nous arrivons sur un terrain criblé de trous d'obus. Tout-à-coup, comme si les Anglais voulaient nous empêcher d'approcher, éclate un violent tir de barrage. Sauve qui peut, chef du détachement en tête. On nous regroupe avec peine. Quelques-uns refusent d'avancer. Couchés en joue, force nous est de reprendre le travail, le tir de barrage achevé. Parmi nous plusieurs blessés qu'on emporte tout sanglants. Pas de morts, par miracle.

Chacun s'applique à fuir cet enfer. Ne venons-nous pas d'apprendre qu'un Kommando voisin, formé aussi de prisonniers français, a eu, en un jour, dix morts et une quarantaine de blessés ? Mourir tués par ses frères en travaillant contre eux sous la menace des baïonnettes, et dans quel état de faiblesse physique et de misère morale, se faire jeter au fond d'un trou boueux, et tout cela à une heure à pied des siens, peut-on concevoir sort plus abominable ?... Aussi, au moment de l'appel nominatif, dans la cour de la sucrerie, en pleine nuit, y a-t-il douze cents Français. Au travail, on n'en trouve plus guère que cinq cents. Les autres sont cachés ci ou là, boulonnés dans les cuves par des camarades, perdus dans le dédale des machines et des hangars. Il y en a jusque sur le toit de l'usine, au pied des cheminées. Les gardiens multiplient les battues. Gare à ceux qui tombent dans leurs griffes ! Après une ration de coups de bâton on les enferme dans des cages très exiguës formées de perches fichées en terre et reliées par des barbelés formant treillis. On entasse dans chacune de ces cages autant de délinquants que possible et on les y laisse, au pain et à l'eau, nuit et jour, jusqu'à expiration de la peine qui, pour un infortuné camarade, a duré cinq jours et cinq nuits !

Si ce régime se prolonge, nous y resterons tous. A force de patauger dans la boue, dans l'eau, les pieds enflent. Beaucoup, qui n'ont plus de souliers, les remplacent par des chiffons noués à la cheville. Quelques-uns de nos camarades sont si faibles qu'ils n'ont même plus la force de parler. Nombreuses évacuations dans les hôpitaux. Combien d'infortunés y sont morts d'épuisement !

Peut-être craint-on que nous ne soyons la proie d'une épidémie qui pourrait se propager aux troupes allemandes ? On envoie enfin un docteur à la sucrerie qui améliore quelque peu le régime alimentaire et augmente la portion de pain, encore insuffisante. Notre état sanitaire est lamentable. Aucun repos. Jamais le dimanche n'est chômé. Crainte de la cage, supplice débilitant, on ne se cache plus guère. C'est donc le travail forcé et sacrilège dans toute son horreur.

Avant d'être admis à la visite du médecin, les malades sont astreints à passer devant un simple soldat allemand, sans connaissance médicale, chargé d'opérer une sélection. Il chasse au travail, sans appel possible, presque tous ceux qui se présentent et roue de coups les récalcitrants. A telle enseigne que ce faux Esculape est surnommé le Dr Trique.

* * *

Malgré notre faiblesse, nous devons creuser chaque jour un mètre cinquante de tranchée profonde. Les plus habiles, ceux qui savent manier la pelle et la pioche, peuvent quitter le terrain entre dix heures et midi (début de la journée : trois heures du matin, en moyenne) ; les autres, les gens de professions libérales, s'escriment jusqu'à trois et quatre heures de l'après-midi. Insensiblement, la dose augmente, et c'est bientôt deux et même trois mètres de tranchée à large parapet qu'il faut aménager. Notre seul espoir est dans la venue des obus anglais qui mettent en fuite sentinelles et travailleurs. Mais il semble que nos alliés connaissent maintenant notre présence sur cette partie du front. L'arrosage par rafales ne se produit plus qu'après notre retour à la sucrerie, et c'est la distraction du soir de regarder tomber les obus et jaillir la terre dans un nuage de fumée noire. Riancourt et Cagnicourt, où nous sommes, semblent être un point de concentration du feu lourd anglais. Les « colis », comme nous disons, y arrivent à la douzaine. Jeu dangereux, pour peu que le tir s'allonge, au crépuscule et au long de la nuit : écrasement formidable ; la sucrerie tremble sur ses fondations.

A deux cents mètres de nous une batterie allemande est installée dans un cimetière dont les

tombes ont été bouleversées, les morts déterrés.
Dans un coin, les os et les crânes font un tas. Mais
les Anglais ont tôt fait de repérer la batterie et le
cimetière est retourné une seconde fois. Les avions
britanniques, avec une audace déconcertante, descendent au ras du sol pour mitrailler les colonnes
en marche, à la grande terreur de nos gardiens,
livrent aux « saucisses » une guerre sans merci.
Un jour, nous voyons (quelle joie !) une saucisse
prendre feu et son occupant descendre en para-
chute suivi par l'avion qui le prend comme cible.
Les éclats des tirs de barrage pleuvent sur nous.
Un camarade est grièvement blessé à l'œil. Un
autre éclat, traversant une lucarne, vient percer le
bas de ma couverture.

*　*　*

Je me souviendrai toujours du jour de Pâques
1917. Réveil à une heure du matin. Rassemblement
à la lueur des lanternes et des falots... Peu à peu
le jour vient, la brume se dissipe et un soleil ra-
dieux éclaire gens et choses. Profitant de la belle
lumière, la canonnade redouble. Nous sommes
littéralement environnés de sifflements. Chacun se
regarde et dans tous les yeux se lit la même angoisse. Mourir un jour de Pâques, par un gai
soleil, en travaillant contre les siens !... Comme
pour nous narguer, nos gardiens nous annoncent
qu'au retour du travail il y aura, enfin, distribu-

tion de colis. Est-ce vrai ? On nous a si souven
menti, pour le plaisir !

Plus mornes que jamais, nous regagnons la
sucrerie. Les colis !... C'est vrai !... Quelle effer-
vescence ! Chacun mangera à sa faim, ce soir. Des
groupes se forment. On soupèse les paquets, on
les ouvre, on organise des popotes. Dans une cour,
il y a des tas de bois pour les sapes, des planches,
des poutres. Chacun en chaparde le plus possible,
profitant d'une moindre surveillance due à la fête
de Pâques car nos gardiens entendent aussi se
régaler. Ce bois, on le débite à coups de pioche, de
pelle. Les feux pétillent, la soupe mijote. On a
l'impression qu'on va se jeter un peu de vie dans
le corps. Depuis deux mois nous attendons ce moment ! Depuis deux mois nos estomacs crient de
famine ! Depuis deux mois nos rêves nous montrent des repas plantureux ! Et depuis deux mois,
au réveil, c'est la sensation de la faim torturante...
Et voici les colis ! Nous rions comme des gosses,
nous caressons des boîtes de conserve, des paquets
de riz et de farine, des boîtes de chocolat. A quatre,
il m'en souvient, certes, nous mangeons six grosses
boîtes de viande, une énorme gamelle de pâtes, un
fromage entier, trois pots de confiture. Quel festin !
Ces quinze ou vingt colis qui nous arrivent à la
fois, il faut les dévorer dans le plus bref délai car
on nous a dit que nous allons quitter le cantonnement et qu'aucun supplément de bagage ne sera

autorisé. Et nous mangeons, nous mangeons à en avoir les mâchoires fatiguées. Et nous voici soudain réconfortés, courageux, prêts à tous les sacrifices.

Quel spectacle que ce repas qui n'en finit pas !... Ces hommes, dont la joie éclaire les yeux, couchent sur le béton, à la pluie, dans les courants d'air. Beaucoup se sont taillés des pantalons dans de la toile de sacs à terre. Plus de chemises, de caleçons, de chaussettes ! Comme souliers, des planchettes de bois fixées par des ficelles aux tiges de chaussures à demi défuntes, des paquets de chiffons. Tous ces hommes ont des engelures qui suppurent, des abcès aux mains et aux oreilles. Ils sont crasseux, terreux, hirsutes. ...Beaucoup souffrent d'anciennes blessures avivées par les travaux forcés, ce qui les rend hargneux, férocement égoïstes. De la vie, depuis deux mois, nous ne connaissons plus que les injures de nos gardiens, les coups de crosse, les éclatements d'obus, la vision de ceux qu'on emporte sanglants et squelettiques. Et voici que pour un instant tout cela est oublié ! La cour des miracles se réjouit, mange, mange éperdûment. Sur la flamme des feux se penchent des fronts de vieux, des profils d'une saisissante maigreur, de vraies têtes de mort, et pourtant ce ne sont que rires et gais propos...

Après quoi il y a le lendemain, le réveil à une heure, le départ dans la nuit, dans les flaques, plus triste de toute cette joie d'un moment. Quelle re-

tombée dans l'enfer ! Nos « maîtres » s'appliquent
à nous y ramener en vitesse.

* * *

Des officiers allemands du génie divisionnaire
découvrent que le hall de la machine à vapeur de
la sucrerie, encore couvert d'un toit à peu près
étanche, pourrait servir de remise à matériel. Pour
gagner de la place on décide de faire sauter le vo-
lant et tout le bloc de la machine. Or de nombreux
prisonniers logeaient dans cette partie de l'usine
où ils laissaient, durant le travail, leur petit bagage
personnel, les derniers colis soigneusement
dissimulés. La charge d'explosif est si forte que
murs et toitures s'effondrent, ensevelissant sous
leurs débris, sacs, bagages et colis. Qu'on se représente notre retour, la désolation des camarades
privés de toute leur petite fortune, des lettres reçues jadis, des souvenirs qui étaient le seul lien
les attachant encore à la famille, au pays. Il y eut
des scènes de désespoir auxquelles nos gardiens,
attroupés, répondirent par d'affreux éclats de rire.

Après trois mois de cette vie, quelques-uns ne
peuvent plus en endurer d'avantage. Une nuit, ils
disparaissent. Ont-ils réussi à gagner les lignes
anglaises ?... Que de drames, sans doute, que nous
ne connaîtrons jamais.

Avril touche à sa fin. Le soleil est plus tiède.
On sent comme le tressaillement de la nature.
Qu'il est triste, malgré le soleil, les premiers bour-

geons, les premières feuilles, ce troisième printemps de captivité !... Ne revivrons-nous donc jamais comme les arbres et les buissons ? Que c'est long !... L'esclavage, toujours l'esclavage. Faudra-t-il mourir là-dedans ?... Et voici les gaz que le vent pousse des tranchées anglaises. Maux de tête et vomissements. Nous réclamons des masques. Nos gardiens en ont et même les prisonniers russes que nous rencontrons parfois. Mais on nous rit au nez. Et un sous-officier nous déclare : « Tant mieux si les Anglais en font crever quelques uns. Ça vous punira de les avoir pris comme alliés, de vous entêter à ne pas vouloir signer la paix. »

Nous voilà fixés !

Les rondes d'avions anglais se multiplient. Des obus tombent sur la sucrerie. Des baraquements qu'on nous destinait sont détruits. La situation est intenable. Le bruit court, soudain, que l'on se décide à nous emmener. Mais où ?... Va-t-on nous promener, en colonne de quatre, le long des lignes anglaises comme on l'a fait dans un Kommando voisin durant que l'artillerie allemande tirait en rafales pour obliger à la riposte ?... Peut-être, car ils sont capables de tout.

* * *

Enfin, le 1er mai, on nous emmène en arrière. Quatre camarades manquent à l'appel. Dans la cour de la sucrerie, ils ont creusé une sape profonde dans laquelle ils viennent de se faire enterrer — pas trop — par des amis, avec des biscuits et une certaine quantité de riz cuit à l'avance. Ils espèrent une avance des Anglais, une sortie triomphale de leur trou. Que leur est-il arrivé ?

Nous passons à Sauchy-Lestrée où l'on nous embarque en vagon pour Bouchain, où nous attendons. Quoi ? Les suppositions vont leur train. Pas de colis, pas de lettres... Certain matin, on nous conduit à Denain pour la désinfection. Allons-nous, comme jadis à Giessen, passer plusieurs heures tout nus dans une salle glaciale ?

De Bouchain à Denain (5 kilomètres), les gens se pressent en foule sur notre passage. Leur émotion est à son comble. Depuis trois ans, ils n'ont pas vu de Français et plus d'une femme sanglotte en pensant au mari ou au fils qui se bat, à l'absent dont on n'a plus de nouvelles et qui peut-être ne reviendra jamais. Nous assistons à une scène incroyable : un représaillé sort de la colonne et tombe dans les bras de sa mère qui vient d'être évacuée d'un village du front. Ils s'embrassent dix fois en pleurant, mais il faut se séparer. L'homme s'arrache aux bras qui le retiennent et reprend sa place dans le rang...

C'est du délire. Tout le monde veut nous voir, nous toucher, nous embrasser, et l'on nous jette des paquets de vivres, du linge, des objets de toute sorte. Ces braves gens se dépouillent de tout ce qu'ils possèdent pour le donner, car leur cœur de

Français a tressailli. Autour de ce défilé de spectres déguenillés que nous sommes, ils forment comme une vivante muraille de sympathie. Et ce cri sort constamment de la foule au nez des Prussiens : « Courage, les gars ! Courage ! On les aura ! » J'ai pleuré, tant c'était beau.

Affolés, perdus dans les remous de cette foule qu'ils ne peuvent contenir, nos gardiens tirent des coups de fusils en l'air, piquent les femmes de la pointe de la baïonnette. L'une d'elles, qui saigne, crie à son tour : « On les aura ! »

A Denain, à travers les rues noires de monde, même accueil, même sympathie. C'est touchant.

Nous arrivons enfin dans les anciens établissements Cail, où l'on nous désinfecte, nous rase, nous douche. Après quoi, passifs, parqués comme des animaux, nous passons de longues heures à attendre. Attendre ! Combien d'heures avons-nous attendu depuis le commencement, fabuleusement lointain, de notre captivité ? Attendre ! Depuis des années nous ne faisons que ça !

Nous rentrons enfin sous bonne escorte. Le long de la colonne les sentinelles sont espacées de mètre en mètre et doublées d'une haie de cavaliers. Les habitants ont reçu l'ordre de rester dans leurs maisons, fenêtres closes, sous menace de peines exemplaires. De Bouchain, où nous restons enfermés huit jours à la caserne, on nous transporte à Orchies, d'où, le 26 mai, tous les gradés, et des hommes jusqu'à concurrence de 500, partent pour l'Allemagne. Par la Belgique, nous entrons en Westphalie, longeons la frontière de Hollande jusqu'au camp de Dulmen, où l'on nous dépouille de tout ce que les habitants de Bouchain et de Denain nous avaient donné. De Dulmen, on nous envoie au camp de Munster I, où nous attendions encore à la fin de juin nos lettres, nos colis, nos mandats, ainsi que le retour dans nos camps d'origine.

*　*　*

Je tiens à signaler que dans toutes les localités par nous traversées se trouvaient des prisonniers français, anglais, et russes, retenus depuis longtemps derrière le front de bataille. J'en ai vu en particulier à Ervillers, Buissy, Villers. Beaucoup d'entre eux étaient là depuis deux, quatre, six et même quelques-uns depuis quatorze mois, des zouaves entre autres, sans aucune nouvelle des leurs et dans l'impossibilité de leur en faire parvenir. Je ne saurai décrire l'état dans lequel se trouvaient les Anglais, presque sans vêtements, sans chaussures, maigres à faire peur, véritables cadavres vivants. J'ai vu aussi des civils belges et français employés comme manœuvres dans la zone battue par le feu, très près des lignes. Il en manquait souvent à l'appel, morts d'épuisement ou tués par les bombes et les obus.

CONCLUSION

Les faits, dont nous n'avons cité que quelques-
uns, hélas ! on n'a que l'embarras du choix, parlent d'eux-mêmes.

...Des milliers de camarades, morts d'épuisement, de tuberculose, ont été descendus dans des
fosses allemandes. Avant de fermer les yeux pour
toujours, ils ont connu la mort lente, tous les
tourments physiques, toutes les détresses morales.
Pour les « représaillés », ces tourments furent
moins le fait de la guerre que d'un système soigneusement élaboré, mis en œuvre jusque dans les
moindres détails.

Mais ces indicibles souffrances ne doivent pas
être inutiles. Frères qui luttez encore, vous châ-
tierez les coupables ! Par votre Victoire, vous ren-
drez impossible le renouvellement de crimes qui
déshonorent le nom d'homme.

Et vous, enfants, vous seriez de mauvais fils si
vous oubliez un jour les souffrances de vos pères.

TABLE DES MATIÈRES

	Pages
PRÉFACE	5
Notre but	37
Prisonniers!	43
Au camp de Crefeld	53
... Au revoir, les vieux !	69
Dans le pays de Westphalie	85
De ci, de là...	93
Au pays des moustiques	99
Sur les bords de la Baltique	125
Au poteau !.	137
La porte s'ouvre !	145
Au camp d'Alten-Grabow	154
Les travailleurs libres	157
Les représailles dans le duché de Bade	163
Un massacre	175
Dans la zone bombardée	179
Conclusion	205

LAUSANNE — IMPRIMERIES RÉUNIES

PAYOT & Cie, 106, Boul. Saint-Germain, PARIS

CARL W. ACKERMANN

L'Allemagne de l'arrière . . . . Fr. 4.50

RAOUL ALLIER

Les Allemands à Saint-Dié . . . . Fr. 4.50

GEORGES BONNET

L'âme du soldat . . . . Fr. 4.50

ALBERT ERLANDE

En campagne avec la Légion Etrangère . . Fr. 4.50

JAMES W. GERARD

Mémoires de l'ambassadeur Gerard . . . Fr. 10 —

JULES POIRIER

Reims (1er août - 31 décembre 1914) . . . Fr. 4.50

ANTOINE REDIER

Méditations dans la Tranchée . . . . . Fr. 4.50

* * *

Souvenirs de guerre d'un sous-officier allemand (1914-1916) . . . . Fr. 4.50

BENJAMIN VALLOTTON

De la paix à la guerre. Ce qu'en pense Potterat Fr. 4.50

On changerait plutôt le cœur de place . . . Fr. 4.50

Les Loups . . . . Fr. 4.50

Y.

L'Odyssée d'un Transport torpillé . . . . Fr. 4.50

LAUSANNE. — IMPRIMERIES RÉUNIES.